Contemporánea

Mario Vargas Llosa nació en Arequipa, Perú, en 1936. Aunque había estrenado un drama en Piura y publicado un libro de relatos, *Los jefes*, que obtuvo el Premio Leopoldo Alas, su carrera literaria cobró notoriedad con la publicación de *La ciudad y los perros*, Premio Biblioteca Breve (1962) y Premio de la Crítica (1963). En 1965 apareció su segunda novela, *La Casa Verde*, que obtuvo el Premio de la Crítica y el Premio Internacional Rómulo Gallegos. Posteriormente ha publicado piezas teatrales (*La señorita de Tacna*, *Kathie y el hipopótamo*, *La Chunga*, *El loco de los balcones*, *Ojos bonitos, cuadros feos* y *Las mil noches y una noche*), estudios y ensayos (como *La orgía perpetua*, *La verdad de las mentiras*, *La tentación de lo imposible*, *El viaje a la ficción* y *La civilización del espectáculo*), memorias (*El pez en el agua*), relatos (*Los cachorros*) y, sobre todo, novelas: *Conversación en La Catedral*, *Pantaleón y las visitadoras*, *La tía Julia y el escribidor*, *La guerra del fin del mundo*, *Historia de Mayta*, *¿Quién mató a Palomino Molero?*, *El hablador*, *Elogio de la madrastra*, *Lituma en los Andes*, *Los cuadernos de don Rigoberto*, *La Fiesta del Chivo*, *El Paraíso en la otra esquina*, *Travesuras de la niña mala* y *El sueño del celta*. Ha obtenido los más importantes galardones literarios, desde los ya mencionados hasta el Premio Cervantes, el Príncipe de Asturias, el PEN/Nabokov, el Grinzane Cavour, el Premio Nobel de Literatura 2010 y el Premio Internacional Carlos Fuentes a la Creación Literaria. Su última novela es *El héroe discreto* (2013).

www.mvargasllosa.com

PREMIO NOBEL DE LITERATURA

Mario Vargas Llosa
La civilización del espectáculo

DEBOLS!LLO

La civilización del espectáculo

Primera edición en Debolsillo en España: junio, 2015
Primera edición en Debolsillo en México: febrero, 2016
Primera reimpresión: abril, 2018

D. R. © 2012, Mario Vargas Llosa

D. R. © 2015, Penguin Random House Grupo Editorial, S.A.U.
Travessera de Gràcia, 47-49, 08021, Barcelona

D. R. © 2018, derechos de edición mundiales en lengua castellana:
Penguin Random House Grupo Editorial, S. A. de C. V.
Blvd. Miguel de Cervantes Saavedra núm. 301, 1er piso,
colonia Granada, delegación Miguel Hidalgo, C. P. 11520,
Ciudad de México

www.megustaleer.mx

Penguin Random House Grupo Editorial apoya la protección del *copyright*.
El *copyright* estimula la creatividad, defiende la diversidad en el ámbito de las ideas y el conocimiento,
promueve la libre expresión y favorece una cultura viva. Gracias por comprar una edición autorizada
de este libro y por respetar las leyes del Derecho de Autor y *copyright*. Al hacerlo está respaldando a los autores
y permitiendo que PRHGE continúe publicando libros para todos los lectores.

Queda prohibido bajo las sanciones establecidas por las leyes escanear, reproducir total o parcialmente esta
obra por cualquier medio o procedimiento así como la distribución de ejemplares
mediante alquiler o préstamo público sin previa autorización.
Si necesita fotocopiar o escanear algún fragmento de esta obra diríjase a CemPro
(Centro Mexicano de Protección y Fomento de los Derechos de Autor, https://www.cempro.org.mx).

ISBN: 978-607-314-173-4

Impreso en México – *Printed in Mexico*

El papel utilizado para la impresión de este libro ha sido fabricado a partir de madera procedente
de bosques y plantaciones gestionadas con los más altos estándares ambientales, garantizando
una explotación de los recursos sostenible con el medio ambiente y beneficiosa para las personas.

| Penguin
Random House
Grupo Editorial |

Índice

Metamorfosis de una palabra	13
I. La civilización del espectáculo	33
Antecedentes:	
Caca de elefante	60
II. Breve discurso sobre la cultura	65
Antecedentes:	
La hora de los charlatanes	76
III. Prohibido prohibir	81
Antecedentes:	
El velo islámico	97
IV. La desaparición del erotismo	105
Antecedentes:	
El pintor en el burdel	117
El sexo frío	123
V. Cultura, política y poder	129
Antecedentes:	
Lo privado y lo público	152
VI. El opio del pueblo	157
Antecedentes:	
La señal de la cruz	188
Defensa de las sectas	194
Reflexión final	199
Antecedentes:	
Más información, menos conocimiento	208
Dinosaurios en tiempos difíciles	213
Reconocimiento	227

A Juan Cruz Ruiz, siempre con su libreta y su lápiz.

Las horas han perdido su reloj.

VICENTE HUIDOBRO

Metamorfosis de una palabra

Es probable que nunca en la historia se hayan escrito tantos tratados, ensayos, teorías y análisis sobre la cultura como en nuestro tiempo. El hecho es tanto más sorprendente cuanto que la cultura, en el sentido que tradicionalmente se ha dado a este vocablo, está en nuestros días a punto de desaparecer. Y acaso haya desaparecido ya, discretamente vaciada de su contenido y éste reemplazado por otro, que desnaturaliza el que tuvo.

Este pequeño ensayo no aspira a abultar el elevado número de interpretaciones sobre la cultura contemporánea, sólo a dejar constancia de la metamorfosis que ha experimentado lo que se entendía aún por cultura cuando mi generación entró a la escuela o a la universidad y la abigarrada materia que la ha sustituido, una adulteración que parece haberse realizado con facilidad, en la aquiescencia general.

Antes de empezar mi propia argumentación al respecto, quisiera pasar revista, aunque sea somera, a algunos de los ensayos que en las últimas décadas abordaron este asunto desde perspectivas variadas, provocando a veces debates de alto vuelo intelectual y político. Aunque muy distintos entre sí y apenas una pequeña muestra de la abundante floración de las ideas y tesis que este tema ha inspirado, todos ellos tienen un denominador común pues coinciden en que la cultura atraviesa una crisis profunda y ha entrado en decadencia. El último de ellos, en cambio, habla de una nueva cultura edificada sobre las ruinas de la que ha venido a suplantar.

Comienzo esta revisión por el célebre y polémico pronunciamiento de T. S. Eliot. Aunque sólo han pasado poco más de sesenta años desde la publicación, en 1948, de su ensayo *Notes Towards the Definition of Culture,* cuando uno lo relee en nuestros días tiene la impresión de que se refiere a un mundo remotísimo, sin conexión con el presente.

T. S. Eliot asegura que el propósito que lo guía es apenas definir el concepto de cultura, pero, en verdad, su ambición es más amplia y consiste, además de precisar lo que abraza esa palabra, en una crítica penetrante del sistema cultural de su tiempo, que, según él, se aparta cada vez más del modelo ideal que representó en el pasado. En una frase que entonces pudo parecer excesiva, añade: «Y no veo razón alguna por la cual la decadencia de la cultura no pueda continuar y no podamos anticipar un tiempo, de alguna duración, del que se pueda decir que carece de cultura»* (p. 19). (Adelantándome sobre el contenido de *La civilización del espectáculo* diré que ese tiempo es el nuestro.)

Aquel modelo ideal, según Eliot, consiste en una cultura estructurada en tres instancias —el individuo, el grupo o elite y la sociedad en su conjunto— y en la que, aunque hay intercambios entre las tres, cada cual conserva cierta autonomía y se halla en constante confrontación con las otras, dentro de un orden gracias al cual el conjunto social prospera y se mantiene cohesionado.

---

* Cito por la edición de Faber and Faber de 1962. Todas las traducciones al español son mías.

T. S. Eliot afirma que la alta cultura es patrimonio de una elite y defiende que así sea porque, asegura, «es condición esencial para la preservación de la calidad de la cultura de la minoría que continúe siendo una cultura minoritaria» (p. 107). Al igual que la elite, la clase social es una realidad que debe ser mantenida pues en ella se recluta y forma esa casta o promoción que garantiza la alta cultura, una elite que en ningún caso debe identificarse totalmente con la clase privilegiada o aristocrática de la que proceden principalmente sus miembros. Cada clase tiene la cultura que produce y le conviene, y aunque, naturalmente, hay coexistencia entre ellas, también hay marcadas diferencias que tienen que ver con la condición económica de cada cual. No se puede concebir una cultura idéntica de la aristocracia y del campesinado, por ejemplo, aunque ambas clases compartan muchas cosas, como la religión y la lengua.

Esta idea de clase no es rígida o impermeable para T. S. Eliot, sino abierta. Una persona de una clase puede pasar a otra superior o bajar a una inferior, y es bueno que así ocurra, aunque ello constituya más una excepción que una regla. Este sistema garantiza un orden estable y a la vez lo expresa, pero en la actualidad está resquebrajado, lo que genera incertidumbre sobre el futuro. La ingenua idea de que, a través de la educación, se puede transmitir la cultura a la totalidad de la sociedad, está destruyendo la «alta cultura», pues la única manera de conseguir esa democratización universal de la cultura es empobreciéndola, volviéndola cada día más superficial. Así como la existencia de una elite es indispensable, según Eliot, a su concepción de «alta cultura», también lo es que en una sociedad haya culturas regionales que nutran a la cultura nacional y, a la vez, que formen parte de ella, existan con su propio perfil y gocen de cierta independencia: «Es importante que un hombre se sienta no sólo ciudadano de una nación en particular, sino ciudadano de un lugar específico de su país, que tenga sus lealtades locales. Esto, como la lealtad con la propia clase, surge de la lealtad hacia la familia» (p. 52).

La cultura se transmite a través de la familia y cuando esta institución deja de funcionar de manera adecuada el resultado «es el deterioro de la cultura» (p. 43). Luego de la familia, la principal transmisora de la cultura a lo largo de las generaciones ha sido la Iglesia, no el colegio. No hay que confundir cultura con conocimiento. «Cultura no es sólo la suma de diversas actividades, sino un estilo de vida» (p. 41), una manera de ser en la que las formas importan tanto como el contenido. El conocimiento tiene que ver con la evolución de la técnica y las ciencias, y la cultura es algo anterior al conocimiento, una propensión del espíritu, una sensibilidad y un cultivo de la forma que da sentido y orientación a los conocimientos.

Cultura y religión no son la misma cosa, pero no son separables, pues la cultura nació dentro de la religión y, aunque con la evolución histórica de la humanidad se haya ido apartando parcialmente de ella, siempre estará unida a su fuente nutricia por una suerte de cordón umbilical. La religión, «mientras dura, y en su propio campo, da un sentido aparente a la vida, proporciona el marco para la cultura y protege a la masa de la humanidad del aburrimiento y la desesperación» (pp. 33-34).

Cuando habla de religión, T. S. Eliot se refiere fundamentalmente al cristianismo, el que, dice, ha hecho de Europa lo que es. «Nuestras artes se desarrollaron dentro del cristianismo, las leyes hasta hace poco tenían sus raíces en él y es contra el fondo del cristianismo que se desarrolló el pensamiento europeo. Un europeo puede no creer que la fe cristiana sea verdadera, y, sin embargo, aquello que dice, cree y hace, proviene de la fuente del legado cristiano y depende de ella su sentido. Sólo una cultura cristiana podía haber producido a Voltaire o Nietzsche. Yo no creo que la cultura de Europa sobreviviría a la desaparición de la fe cristiana» (p. 122).

La idea de la sociedad y la cultura de Eliot recuerda a la estructura del cielo, el purgatorio y el infierno en la *Commedia* de Dante, con sus círculos superpuestos y sus rígidas simetrías y jerarquías en las que la divinidad castiga el mal y premia el bien de acuerdo a un orden intangible.

Veinte años después de publicado el libro de Eliot, George Steiner le respondió en 1971 con *In Bluebeard's Castle. Some Notes Towards the Redefinition of Culture*. En su apretado e intenso ensayo, se escandaliza de que el gran poeta de *The Waste Land* haya podido escribir un tratado sobre la cultura apenas terminada la Segunda Guerra Mundial sin relacionar para nada este tema con las vertiginosas carnicerías de las dos contiendas mundiales y, sobre todo, omitiendo una reflexión sobre el Holocausto, el exterminio de seis millones de judíos en que desembocó la larga tradición de antisemitismo de la cultura occidental. Steiner se propone remediar esta deficiencia con un análisis de la cultura que tenga en cuenta de manera primordial su asociación con la violencia político-social.

Según él, después de la Revolución Francesa, Napoleón, las guerras napoleónicas, la Restauración y el triunfo de la burguesía en Europa, se instala en el Viejo Continente el gran *ennui* (aburrimiento), hecho de frustración, hastío, melancolía y secreto deseo de explosión, violencia y cataclismo, de lo que da testimonio la mejor literatura europea y obras como *El malestar en la cultura* de Freud. Los movimientos dadaísta y surrealista serían la punta de lanza y la exacerbación máxima del fenómeno. Según Steiner, la cultura europea no sólo anuncia, también desea que venga ese estallido sanguinario y purificador que serán las revoluciones y las dos guerras mundiales. La cultura, en vez de atajar, provoca y celebra estas sangrías.

Steiner insinúa que tal vez la razón de que Eliot no haya encarado «la fenomenología de los asesinatos producidos en Europa, desde el sur de España hasta las fronteras del Asia rusa entre 1936 y 1945»[*] (p. 52), sea su antisemitismo, privado al principio, pero que su correspondencia, luego de su muerte, sacaría a la luz pública. Su caso no es infrecuente, puesto que ha habido muy «pocos intentos de relacionar el fenómeno dominante de la barbarie del siglo xx con una teoría general de la cultura». Y, añade Steiner, «Me parece irresponsable toda teoría de la cultura [...] que no tenga como eje la consideración de los modos de terror que acarrearon la muerte por obra de la guerra, del hambre y de matanzas deliberadas de unos setenta millones de seres humanos muertos en Europa y Rusia entre el comienzo de la Primera Guerra Mundial y el fin de la Segunda» (pp. 48-49).

La explicación de Steiner se asocia estrechamente a la religión, la que, a su juicio, está vinculada

---

[*] Cito por George Steiner, *En el castillo de Barba Azul. Aproximación a un nuevo concepto de cultura*, Barcelona, Editorial Gedisa, 2006. Todas las citas son de esta edición.

a la cultura, tal como sostuvo Eliot, pero sin la estrecha dependencia con «la disciplina cristiana» que éste defendió, «el más vulnerable aspecto de su argumentación» (p. 118). A su juicio, la voluntad que hace posible el gran arte y el pensamiento profundo nace de «una aspiración a la trascendencia, es una apuesta a trascender» (p. 118). Éste es el aspecto religioso de toda cultura. Ahora bien, la cultura occidental está lastrada por el antisemitismo desde tiempos inmemoriales y la razón es religiosa. Se trata de una respuesta vengativa de la humanidad no judía hacia el pueblo que inventó el monoteísmo, es decir, la concepción de un dios único, invisible, inconcebible, todopoderoso e inalcanzable a la comprensión e incluso a la imaginación humana. El dios mosaico vino a reemplazar aquel politeísmo de dioses y diosas accesibles a la multiplicidad humana, con los que la diversidad existente de hombres y mujeres podía acomodarse y congeniar. El cristianismo, según Steiner, fue siempre, con sus santos, el misterio de la Trinidad y el culto mariano, «una mezcla híbrida de ideales monoteístas y de prácticas politeístas», y de este modo consiguió rescatar algo de esa proliferación de divinidades abolida por el monoteísmo fundado por Moisés. El dios único e impensable de los judíos está fuera de la razón humana —es sólo accesible a la fe— y fue el que cayó víctima de los *philosophes* de la Ilustración, convencidos de que con una cultura laica y secularizada desaparecerían la violencia y las matanzas que trajeron consigo el fanatismo religioso, las prácticas inquisitoriales y las guerras de religión. Pero la muerte de Dios no significó el advenimiento del paraíso a la tierra, sino más bien del infierno, ya descrito en la pesadilla dantesca de la *Commedia* o en los palacios y cámaras del placer y la tortura del marqués de Sade. El mundo, liberado de Dios, poco a poco fue siendo dominado por el diablo, el espíritu del mal, la crueldad, la destrucción, lo que alcanzará su paradigma con las carnicerías de las conflagraciones mundiales, los hornos crematorios nazis y el Gulag soviético. Con este cataclismo acabó la cultura y comenzó la era de la poscultura.

Steiner destaca la capacidad autocrítica enraizada en la tradición occidental. «¿Qué otras razas se han mostrado penitentes con aquellos a quienes esclavizaron? ¿Qué otras civilizaciones han acusado moralmente el brillo de su propio pasado? El reflejo a escrutarse a sí mismo en nombre de valores éticos absolutos es un acto característicamente occidental, posvoltairiano» (p. 91).

Uno de los rasgos de la poscultura es no creer en el progreso, el eclipse de la idea según la cual la historia sigue una curva ascendente, el predominio del *Kulturpessimismus* o nuevo realismo estoico (p. 94). Curiosamente, esta actitud coexiste con la evidencia de que en el campo de la técnica y la ciencia nuestra época cada día produce milagros. Pero el progreso moderno, ahora lo sabemos, tiene a menudo un precio destructivo que pagar, por ejemplo en daños irreparables a la naturaleza y a la ecología, y no siempre contribuye a rebajar la pobreza sino a ampliar el abismo de desigualdades entre países, clases y personas.

La posmodernidad ha destruido el mito de que las humanidades humanizan. No es cierto lo que creyeron tantos educadores y filósofos optimistas, que una educación liberal, al alcance de todos, garantizaría un futuro de progreso, de paz, de libertad, de igualdad de oportunidades, en las democracias modernas: «... las bibliotecas, los museos, los teatros, las universidades, los centros de investigación por obra de los cuales se transmiten las humanidades y las ciencias pueden prosperar en las proximidades de los campos de concentración» (p. 104). En un individuo, al igual que en la sociedad, llegan a veces a coexistir la alta cultura, la sensibilidad, la inteligencia y el fanatismo del torturador y el asesino. Heidegger fue nazi «y su genio no se detuvo mientras el régimen nazi exterminaba millones de judíos en los campos de concentración» (p. 105).

Para este pesimismo estoico de la poscultura ha desaparecido la seguridad que antes daban ciertas diferencias y jerarquías ahora abolidas: «La línea divisoria separaba lo superior de lo inferior, lo mayor de lo menor, la civilización del primitivismo atrasado, la instrucción de la ignorancia, la madurez de la edad de la inmadurez, los hombres de las mujeres, y en cada caso estaba implícita una distinción de superioridad» (pp. 109-110). El desplome de estas distinciones es ahora el hecho más característico de la actualidad cultural.

La poscultura, llamada también a veces, de manera significativa, la «contracultura», reprocha a la cultura su elitismo y la tradicional vinculación de las artes, las letras y las ciencias al absolutismo político: «¿Qué cosa buena hizo el elevado humanismo por las masas oprimidas de la comunidad? ¿Qué utilidad tuvo la cultura cuando llegó la barbarie?» (p. 115).

En sus capítulos finales, Steiner traza un bosquejo bastante sombrío de lo que podría ser la evolución cultural, en la que la tradición, carente de vigencia, quedaría confinada en el conservatorio académico: «Ya una parte importante de la poesía, del pensamiento religioso, del arte ha desaparecido de la inmediatez personal para entrar en la custodia de los especialistas» (p. 138). Lo que antes era vida activa pasará a tener la vida artificial del archivo. Y, todavía más grave, la cultura será víctima —ya lo está siendo— de lo que Steiner llama «la retirada de la palabra». En la tradición cultural «el discurso hablado, recordado y escrito fue la columna vertebral de la conciencia» (p. 138). Ahora, la palabra está cada vez más subordinada a la imagen. Y también a la música, el signo de identidad de las nuevas generaciones, cuyas músicas pop, folk o rock crean un espacio envolvente, un mundo en el que escribir, estudiar, comunicarse en privado «se desarrollan en un campo de estridentes vibraciones» (p. 150). ¿Qué efectos podría tener en las intimidades de nuestro cerebro esta musicalización de nuestra cultura?

Además del progresivo deterioro de la palabra, Steiner señala como hechos eminentes de nuestro tiempo la preocupación por la naturaleza y la ecología, y el prodigioso desarrollo de las ciencias —la matemática y las ciencias naturales principalmente— que han ido revelando dimensiones insospechadas de la vida humana, del mundo natural, del espacio, y creando técnicas capaces de alterar y manipular el cerebro y la conducta del ser humano. La cultura «libresca» a la que Eliot se refería exclusivamente en su libro va perdiendo vitalidad y existiendo cada vez más al margen de la cultura de hoy, que ha cortado casi totalmente con las humanidades clásicas —la hebrea, la griega y la latina—, refugiadas ahora en unos especialistas casi siempre inaccesibles en sus jergas herméticas y una erudición asfixiante, cuando no en teorías delirantes.

La parte más polémica del ensayo de Steiner sostiene que la cultura posmoderna exige del hombre culto un conocimiento básico de las matemáticas y las ciencias naturales que le permita entender los notables alcances que el mundo científico ha realizado y sigue realizando en nuestros días en todos los dominios, químicos, físicos, astronómicos, y sus aplicaciones, a menudo tan prodigiosas como los inventos más audaces de la literatura fantástica. Esta propuesta es una utopía comparable a aquellas que Steiner devalúa en su ensayo, pues si ya en el pasado reciente era inimaginable un Pico della Mirandola contemporáneo capaz de abrazar el conjunto de saberes de su tiempo, en el nuestro aquella ambición ni siquiera parece posible para esas computadoras cuya infinita capacidad de almacenamiento de datos despierta la admiración de Steiner. Es posible que la cultura ya no sea posible en nuestra época, pero no será por esa razón, pues la sola idea de cultura no significó nunca cantidad de conocimientos, sino calidad y sensibilidad. Como otros ensayos suyos, éste comienza muy parado sobre la tierra y termina en un estallido de delirio intelectual.

Unos años antes del ensayo de Steiner, en noviembre de 1967, apareció en París el de Guy Debord, *La Société du Spectacle,* cuyo título se parece al de este libro, aunque, en verdad, se trata de aproximaciones distintas al tema de la cultura. Debord, autodidacta, vanguardista radical, heterodoxo, agitador y promotor de las provocaciones contraculturales de los sesenta, califica de «espectáculo» a lo que Marx en sus *Manuscritos económicos y filosóficos* de 1844 llamó la «alienación» o enajenación social resultante del fetichismo de la mercancía, que, en el estadio industrial avanzado de la sociedad capitalista, alcanza tal protagonismo en la vida de los consumidores que llega a sustituir como interés o preocupación central todo otro asunto de orden cultural, intelectual o político. La adquisición obsesiva de productos manufacturados, que mantengan activa y creciente la fabricación de mercancías, produce el fenómeno de la «reificación» o «cosificación» del individuo, entregado al consumo sistemático de objetos, muchas veces inútiles o superfluos, que las modas y la publicidad le van imponiendo, vaciando su vida interior de inquietudes sociales, espirituales o simplemente humanas, aislándolo y destruyendo su conciencia de los otros, de su clase y de sí mismo, a resultas de lo cual, por ejemplo, el proletario «desproletarizado» por la alienación deja de ser un peligro —y hasta un antagonista— para la clase dominante.

Estas ideas de juventud, que Marx nunca alcanzaría a profundizar en su madurez, son el fundamento de la teoría de Debord sobre nuestro tiempo. Su tesis central es que en la sociedad industrial moderna, donde ha triunfado el capitalismo y la clase obrera ha sido (por lo menos temporalmente) derrotada, la alienación —la ilusión de la mentira convertida en verdad— ha copado la vida social, convirtiéndola en una representación en la que todo lo espontáneo, auténtico y genuino —la verdad de lo humano— ha sido sustituido por lo artificial y lo falso. En este mundo, las cosas —las mercancías— han pasado a ser los verdaderos dueños de la vida, los amos a los que los seres humanos sirven para asegurar la producción que enriquece a los propietarios de las máquinas y las industrias que fabrican aquellas mercancías. «El espectáculo —dice Debord— es la dictadura efectiva de la ilusión en la sociedad moderna» (proposición n.º 213).*

---

* Cito por Guy Debord, *La Société du Spectacle*, París, Gallimard, Folio, 1992. Todas las traducciones al español son mías.

Aunque Debord se tome en otros asuntos muchas libertades con las tesis marxistas, acepta como verdad canónica la teoría de la historia como una lucha de clases y la «reificación» o «cosificación» del hombre por obra del capitalismo que crea artificialmente necesidades, modas y apetitos a fin de mantener un mercado en expansión para los productos manufacturados. Escrito en un estilo impersonal y abstracto, su libro consta de nueve capítulos y doscientas veintiuna proposiciones, algunas breves como aforismos y casi siempre exentas de ejemplos concretos. Sus razonamientos resultan por momentos de difícil comprensión debido a lo intrincado de su prosa. Los temas específicamente culturales, referidos a las artes y las letras, sólo tienen cabida en su ensayo de manera tangencial. Su tesis es económica, filosófica e histórica antes que cultural, aspecto de la vida que, fiel también en esto al marxismo clásico, Debord reduce a una superestructura de aquellas relaciones de producción que constituyen los cimientos de la vida social.

La civilización del espectáculo está ceñida en cambio al ámbito de la cultura, entendida no como un mero epifenómeno de la vida económica y social, sino como realidad autónoma, hecha de ideas, valores estéticos y éticos, y obras de arte y literarias que interactúan con el resto de la vida social y son a menudo, en lugar de reflejos, fuente de los fenómenos sociales, económicos, políticos e incluso religiosos.

El libro de Debord contiene hallazgos e intuiciones que coinciden con algunos temas subrayados en mi ensayo, como la idea de que reemplazar el vivir por el representar, hacer de la vida una espectadora de sí misma, implica un empobrecimiento de lo humano (proposición n.º 30). Asimismo, su afirmación de que, en un medio en el que la vida ha dejado de ser vivida para ser sólo representada, se vive «por procuración», como los actores la vida fingida que encarnan en un escenario o en una pantalla. «El consumidor real se torna un consumidor de ilusiones» (proposición n.º 47). Esta lúcida observación sería más que confirmada en los años posteriores a la publicación de su libro.

Este proceso, dice Debord, tiene como consecuencia la «futilización» que «domina la sociedad moderna» debido a la multiplicación de mercancías que el consumidor puede elegir y la desaparición de la libertad porque los cambios que ocurren no son obra de elecciones libres de las personas sino «del sistema económico, del dinamismo del capitalismo».

Muy lejos del estructuralismo, al que llama «sueño frío», Debord añade que la crítica de la sociedad del espectáculo sólo será posible como parte de una crítica práctica del medio que la hace posible, práctica en el sentido de una acción revolucionaria decidida a acabar con dicha sociedad (proposición n.º 203). En este aspecto, sobre todo, sus tesis y las de este libro se hallan en las antípodas.

Buen número de trabajos en los últimos años han buscado definir los rasgos característicos de la cultura de nuestro tiempo en el contexto de la globalización, la mundialización del capitalismo y los mercados y la extraordinaria revolución tecnológica. Uno de los más perspicaces es el de Gilles Lipovetsky y Jean Serroy, *La cultura-mundo. Respuesta a una sociedad desorientada**. Sostiene la idea de la entronización en nuestros días de una cultura global —la cultura-

---

* Gilles Lipovetsky/Jean Serroy, *La cultura-mundo. Respuesta a una sociedad desorientada*, Barcelona, Anagrama, Colección Argumentos, 2010. Todas las citas son de esta edición.

mundo— que, sustentada en el eclipse progresivo de las fronteras por obra de los mercados, la revolución científica y tecnológica (sobre todo en el campo de las comunicaciones), viene creando, por primera vez en la historia, unos denominadores culturales de los que participan sociedades e individuos de los cinco continentes, a los que van acercando e igualando pese a las distintas tradiciones, creencias y lenguas que les son propias. Esta cultura, a diferencia de lo que antes obedecía a este nombre, ha dejado de ser elitista, erudita y excluyente y se ha convertido en una genuina «cultura de masas»: «En las antípodas de las vanguardias herméticas y elitistas, la cultura de masas quiere ofrecer novedades accesibles para el público más amplio posible y que distraigan a la mayor cantidad posible de consumidores. Su intención es divertir y dar placer, posibilitar una evasión fácil y accesible para todos, sin necesidad de formación alguna, sin referentes culturales concretos y eruditos. Lo que inventan las industrias culturales no es más que una cultura transformada en artículos de consumo de masas» (p. 79).

Esta cultura de masas, según los autores, nace con el predominio de la imagen y el sonido sobre la palabra, es decir, con la pantalla. La industria del cine, sobre todo desde Hollywood, «mundializa» las películas llevándolas a todos los países, y, en cada país, a todas las capas sociales, pues, como los discos y la televisión, las películas son accesibles a todos y no requieren para gozar de ellas una formación intelectual especializada de ningún tipo. Este proceso se ha acelerado con la revolución cibernética, la creación de las redes sociales y la universalización del Internet. No sólo la información ha roto todas las barreras y se ha puesto al alcance de todo el mundo, prácticamente todos los dominios de la comunicación, del arte, de la política, del deporte, de la religión, etcétera, han experimentado los efectos reformadores de la pequeña pantalla. «El mundo pantalla ha deslocalizado, desincronizado y desregulado el espacio-tiempo de la cultura» (p. 88).

Todo esto es cierto, sin duda. Lo que no está claro es si lo que Lipovetsky y Serroy llaman cultura-mundo o cultura de masas y en la que incluyen, por ejemplo, hasta la «cultura de las marcas» de los objetos de lujo, sea, en sentido estricto, cultura, o si nos referimos a cosas esencialmente distintas cuando hablamos, de un lado, de una ópera de Wagner y de la filosofía de Nietzsche, y, de otro, de las películas de Hitchcock y de John Ford (dos de mis cineastas preferidos) y de un anuncio de la Coca-Cola. Ellos dan por descontado que sí, pero yo, en cambio, pienso que entre ambas cosas ha habido una mutación o salto cualitativo hegeliano que ha convertido a lo segundo en algo de naturaleza diferente de lo primero. En los dos primeros capítulos de este libro explico por qué.

De otro lado, algunas aseveraciones de *La cultura-mundo* me parecen discutibles, como que esta nueva cultura planetaria ha desarrollado un individualismo extremo en todo el globo. Por el contrario, la publicidad y las modas que lanzan e imponen los productos culturales en nuestro tiempo son un serio obstáculo a la creación de individuos independientes, capaces de juzgar por sí mismos qué les gusta, qué admiran, qué encuentran desagradable y tramposo u horripilante en aquellos productos. La cultura-mundo, en vez de promover al individuo, lo aborrega, privándolo de lucidez y libre albedrío, y lo hace reaccionar ante la «cultura» imperante de manera condicionada y gregaria, como los perros de Pavlov ante la campanita que anuncia la comida.

Otra afirmación de Lipovetsky y Serroy que se diría poco fundada es suponer que, como millones de turistas visitan el Louvre, la Acrópolis y los anfiteatros griegos de Sicilia, la cultura no ha caído de valor en nuestro tiempo y goza aún «de una elevada legitimidad» (p. 118). Los autores no advierten que esas visitas multitudinarias a los grandes museos y a los monumentos históricos clásicos no representan un interés genuino por la «alta cultura» (así la llaman) sino mero esnobismo, ya que haber estado en aquellos lugares forma parte de la obligación del perfecto turista posmoderno. En vez de interesarlo en el pasado y el arte clásicos, lo exonera de estudiarlos y conocerlos con un mínimo de solvencia. Un simple vistazo basta para darle una buena conciencia cultural. Aquellas visitas de los turistas «al acecho de distracciones» desnaturalizan el significado real de esos museos y monumentos e igualan a éstos con las otras obligaciones del perfecto turista: comer pasta y bailar una tarantela en Italia, aplaudir el flamenco y el cante jondo en Andalucía y probar los *escargots* y asistir al Louvre y a una función del Folies Bergère en París.

El año 2010 apareció en Francia, publicado por Flammarion, el libro del sociólogo Frédéric Martel *Cultura Mainstream* que, en cierto modo, muestra que la «nueva cultura» o «cultura-mundo» de la que hablaban Lipovetsky y Serroy ya quedó atrás, desfasada por la frenética vorágine de nuestro tiempo. El libro de Martel es fascinante y aterrador en su descripción de la «cultura del entretenimiento» que ha reemplazado casi universalmente a lo que hace apenas medio siglo se entendía por cultura. *Cultura Mainstream* es, en verdad, un ambicioso reportaje, hecho en buena parte del mundo, con centenares de entrevistas, sobre lo que, gracias a la globalización y a la revolución audiovisual, es hoy día un denominador común, pese a la diferencia de lenguas, religiones y costumbres, entre los pueblos de los cinco continentes.

En el libro de Martel no se habla de libros —el único citado en sus varios centenares de páginas es *El código Da Vinci* de Dan Brown y la única escritora la crítica de cine Pauline Kael—, ni de pintura o escultura, ni de música o danza clásicas, ni de filosofía y humanidades en general, sino exclusivamente de películas, programas de televisión, videojuegos, *mangas,* conciertos de rock, pop o rap, videos y tabletas y de las «industrias creativas» que los producen, auspician y promueven, es decir, de las diversiones del gran público que han ido reemplazando (y terminarán por acabar con ella) a la cultura del pasado.

El autor ve con simpatía esta mutación, porque gracias a ella la cultura *mainstream,* o cultura del gran público, ha arrebatado la vida cultural a la pequeña minoría que antes la monopolizaba, la ha democratizado, poniéndola al alcance de todos, y porque los contenidos de esta nueva cultura le parecen en perfecta sintonía con la modernidad, los grandes inventos científicos y tecnológicos de la vida contemporánea.

Los reportajes y testimonios recogidos por Martel, así como sus propios análisis, son instructivos y bastante representativos de una realidad que hasta ahora ni la sociología ni la filosofía se habían atrevido a reconocer. La inmensa mayoría del género humano no practica, consume ni produce hoy otra forma de cultura que aquella que, antes, era considerada por los sectores cultos, de manera despectiva, mero pasatiempo popular, sin parentesco alguno con las actividades intelectuales, artísticas y literarias que constituían la cultura. Ésta ya murió, aunque sobreviva en pequeños nichos sociales, sin influencia alguna sobre el *mainstream*.

La diferencia esencial entre aquella cultura del pasado y el entretenimiento de hoy es que los productos de aquélla pretendían trascender el tiempo presente, durar, seguir vivos en las generaciones futuras, en tanto que los productos de éste son fabricados para ser consumidos al instante y desaparecer, como los bizcochos o el *popcorn*. Tolstói, Thomas Mann, todavía Joyce y Faulkner escribían libros que pretendían derrotar a la muerte, sobrevivir a sus autores, seguir atrayendo y fascinando lectores en los tiempos futuros. Las telenovelas brasileñas y las películas de Bollywood, como los conciertos de Shakira, no pretenden durar más que el tiempo de su presentación, y desaparecer para dejar el espacio a otros productos igualmente exitosos y efímeros. La cultura es diversión y lo que no es divertido no es cultura.

La investigación de Martel muestra que éste es hoy un fenómeno planetario, algo que ocurre por primera vez en la historia, del que participan los países desarrollados y subdesarrollados, no importa cuán diferentes sean sus tradiciones, creencias o sistemas de gobierno, aunque, lógicamente, estas variantes introduzcan también, para cada país y sociedad, ciertas diferencias de detalle y matiz en las películas, culebrones, canciones, *mangas,* cintas de animación, etcétera.

Para esta nueva cultura son esenciales la producción industrial masiva y el éxito comercial. La distinción entre precio y valor se ha eclipsado y ambas cosas son ahora una sola, en la que el primero ha absorbido y anulado al segundo. Lo que tiene éxito y se vende es bueno y lo que fracasa y no conquista al público es malo. El único valor es el comercial. La desaparición de la vieja cultura implicó la desaparición del viejo concepto de valor. El único valor existente es ahora el que fija el mercado.

De T. S. Eliot a Frédéric Martel la idea de cultura ha experimentado mucho más que una paulatina evolución: una mudanza traumática de la que ha surgido una realidad nueva en la que apenas quedan rastros de la que reemplazó.

I. La civilización del espectáculo

Claudi Pérez, enviado especial de *El País* a Nueva York para informar sobre la crisis financiera, escribe, en su crónica del viernes 19 de septiembre de 2008: «Los tabloides de Nueva York van como locos buscando un *broker* que se arroje al vacío desde uno de los imponentes rascacielos que albergan los grandes bancos de inversión, los ídolos caídos que el huracán financiero va convirtiendo en cenizas». Retengamos un momento esta imagen en la memoria: una muchedumbre de fotógrafos, de *paparazzi*, avizorando las alturas, con las cámaras listas, para captar al primer suicida que dé encarnación gráfica, dramática y espectacular a la hecatombe financiera que ha volatilizado billones de dólares y hundido en la ruina a grandes empresas e innumerables ciudadanos. No creo que haya una imagen que resuma mejor la civilización de la que formamos parte.

Me parece que ésta es la mejor manera de definir la civilización de nuestro tiempo, que comparten los países occidentales, los que, sin serlo, han alcanzado altos niveles de desarrollo en el Asia, y muchos del llamado Tercer Mundo.

¿Qué quiere decir civilización del espectáculo? La de un mundo donde el primer lugar en la tabla de valores vigente lo ocupa el entretenimiento, y donde divertirse, escapar del aburrimiento, es la pasión universal. Este ideal de vida es perfectamente legítimo, sin duda. Sólo un puritano fanático podría reprochar a los miembros de una sociedad que quieran dar solaz, esparcimiento, humor y diversión a unas vidas encuadradas por lo general en rutinas deprimentes y a veces embrutecedoras. Pero convertir esa natural propensión a pasarlo bien en un valor supremo tiene consecuencias inesperadas: la banalización de la cultura, la generalización de la frivolidad y, en el campo de la información, que prolifere el periodismo irresponsable de la chismografía y el escándalo.

¿Qué ha hecho que Occidente fuera deslizándose hacia una civilización de este orden? El bienestar que siguió a los años de privaciones de la Segunda Guerra Mundial y la escasez de los primeros años de la posguerra. Luego de esa etapa durísima, siguió un período de extraordinario desarrollo económico. En todas las sociedades democráticas y liberales de Europa y América del Norte las clases medias crecieron como la espuma, se intensificó la movilidad social y se produjo, al mismo tiempo, una notable apertura de los parámetros morales, empezando por la vida sexual, tradicionalmente frenada por las iglesias y el laicismo pacato de las organizaciones políticas, tanto de derecha como de izquierda. El bienestar, la libertad de costumbres y el espacio creciente ocupado por el ocio en el mundo desarrollado constituyeron un estímulo notable para que se multiplicaran las industrias de la diversión, promovidas por la publicidad, madre y maestra mágica de nuestro tiempo. De este modo, sistemático y a la vez insensible, no aburrirse, evitar lo que perturba, preocupa y angustia, pasó a ser, para sectores sociales cada vez más amplios de la cúspide a la base de la pirámide social, un mandato generacional, eso que Ortega y Gasset llamaba «el espíritu de nuestro tiempo», el dios sabroso, regalón y frívolo al que todos, sabiéndolo o no, rendimos pleitesía desde hace por lo menos medio siglo, y cada día más.

Otro factor, no menos importante, para la forja de esta realidad ha sido la democratización de la cultura. Se trata de un fenómeno que nació de una voluntad altruista: la cultura no podía seguir siendo el patrimonio de una elite, una sociedad liberal y democrática tenía la obligación moral de poner la cultura al alcance de todos, mediante la educación, pero también la promoción y subvención de las artes, las letras y demás manifestaciones culturales. Esta loable filosofía ha tenido el indeseado efecto de trivializar y adocenar la vida cultural, donde cierto facilismo formal y la superficialidad del contenido de los productos culturales se justificaban en razón del propósito cívico de llegar al mayor número. La cantidad a expensas de la calidad. Este criterio, proclive a las peores demagogias en el dominio político, en el cultural ha causado reverberaciones imprevistas, como la desaparición de la alta cultura, obligatoriamente minoritaria por la complejidad y a veces hermetismo de sus claves y códigos, y la masificación de la idea misma de cultura. Ésta ha pasado ahora a tener exclusivamente la acepción que ella adopta en el discurso antropológico. Es decir, la cultura son todas las manifestaciones de la vida de una comunidad: su lengua, sus creencias, sus usos y costumbres, su indumentaria, sus técnicas y, en suma, todo lo que en ella se practica, evita, respeta y abomina. Cuando la idea de la cultura torna a ser una amalgama semejante es inevitable que ella pueda llegar a ser entendida, apenas, como una manera agradable de pasar el tiempo. Desde luego que la cultura puede ser también eso, pero si termina por ser sólo eso se desnaturaliza y se deprecia: todo lo que forma parte de ella se iguala y uniformiza al extremo de que una ópera de Verdi, la filosofía de Kant, un concierto de los Rolling Stones y una función del Cirque du Soleil se equivalen.

No es por eso extraño que la literatura más representativa de nuestra época sea la literatura *light*, leve, ligera, fácil, una literatura que sin el menor rubor se propone ante todo y sobre todo (y casi exclusivamente) divertir. Atención, no condeno ni mucho menos a los autores de esa literatura entretenida pues hay, entre ellos, pese a la levedad de sus textos, verdaderos talentos. Si en nuestra época es raro que se emprendan aventuras literarias tan osadas como las de Joyce, Virginia Woolf, Rilke o Borges no es solamente en razón de los escritores; lo es, también, porque la cultura en la que vivimos inmersos no propicia, más bien desalienta, esos esfuerzos denodados que culminan en obras que exigen del lector una concentración intelectual casi tan intensa como la que las hizo posibles. Los lectores de hoy quieren libros fáciles, que los entretengan, y esa demanda ejerce una presión que se vuelve poderoso incentivo para los creadores.

Tampoco es casual que la crítica haya poco menos que desaparecido en nuestros medios de información y se haya refugiado en esos conventos de clausura que son las Facultades de Humanidades y, en especial, los Departamentos de Filología cuyos estudios son sólo accesibles a los especialistas. Es verdad que los diarios y revistas más serios publican todavía reseñas de libros, de exposiciones y conciertos, pero ¿alguien lee a esos paladines solitarios que tratan de poner cierto orden jerárquico en esa selva promiscua en que se ha convertido la oferta cultural de nuestros días? Lo cierto es que la crítica, que en la época de nuestros abuelos y bisabuelos desempeñaba un papel central en el mundo de la cultura porque asesoraba a los ciudadanos en la difícil tarea de juzgar lo que oían, veían y leían, hoy es una especie en extinción a la que nadie hace caso, salvo cuando se convierte también ella en diversión y espectáculo.

La literatura *light,* como el cine *light* y el arte *light,* da la impresión cómoda al lector y al espectador de ser culto, revolucionario, moderno, y de estar a la vanguardia, con un mínimo esfuerzo intelectual. De este modo, esa cultura que se pretende avanzada y rupturista, en verdad propaga el conformismo a través de sus manifestaciones peores: la complacencia y la autosatisfacción.

En la civilización de nuestros días es normal y casi obligatorio que la cocina y la moda ocupen buena parte de las secciones dedicadas a la cultura y que los «chefs» y los «modistos» y «modistas» tengan ahora el protagonismo que antes tenían los científicos, los compositores y los filósofos. Los hornillos, los fogones y las pasarelas se confunden dentro de las coordenadas culturales de la época con los libros, los conciertos, los laboratorios y las óperas, así como las estrellas de la televisión y los grandes futbolistas ejercen sobre las costumbres, los gustos y las modas la influencia que antes tenían los profesores, los pensadores y (antes todavía) los teólogos. Hace medio siglo, probablemente en los Estados Unidos era un Edmund Wilson, en sus artículos de *The New Yorker* o *The New Republic,* quien decidía el fracaso o el éxito de un libro de poemas, una novela o un ensayo. Hoy son los programas televisivos de Oprah Winfrey.

No digo que esté mal que sea así. Digo, simplemente, que es así.

El vacío dejado por la desaparición de la crítica ha permitido que, insensiblemente, lo haya llenado la publicidad, convirtiéndose ésta en nuestros días no sólo en parte constitutiva de la vida cultural sino en su vector determinante. La publicidad ejerce un magisterio decisivo en los gustos, la sensibilidad, la imaginación y las costumbres. La función que antes tenían, en este ámbito, los sistemas filosóficos, las creencias religiosas, las ideologías y doctrinas y aquellos mentores que en Francia se conocía como los mandarines de una época, hoy la cumplen los anónimos «creativos» de las agencias publicitarias. Era en cierta forma obligatorio que así ocurriera a partir del momento en que la obra literaria y artística pasó a ser considerada un producto comercial que jugaba su supervivencia o su extinción nada más y nada menos que en los vaivenes del mercado, aquel período trágico en que *el precio* pasó a confundirse con *el valor* de una obra de arte. Cuando una cultura relega al desván de las cosas pasadas de moda el ejercicio de pensar y sustituye las ideas por las imágenes, los productos literarios y artísticos son promovidos, aceptados o rechazados por las técnicas publicitarias y los reflejos condicionados de un público que carece de defensas intelectuales y sensibles para detectar los contrabandos y las extorsiones de que es víctima. Por ese camino, los esperpentos indumentarios que un John Galliano hacía desfilar en las pasarelas de París (antes de descubrirse que era antisemita) o los experimentos de la *nouvelle cuisine* alcanzan el estatuto de ciudadanos honorarios de la alta cultura.

Este estado de cosas ha impulsado la exaltación de la música hasta convertirla en el signo de identidad de las nuevas generaciones en el mundo entero. Las bandas y los cantantes de moda congregan multitudes que desbordan todos los escenarios en conciertos que son, como las fiestas paganas dionisíacas que en la Grecia clásica celebraban la irracionalidad, ceremonias colectivas de desenfreno y catarsis, de culto a los instintos, las pasiones y la sinrazón. Y lo mismo puede decirse, claro está, de las fiestas multitudinarias de música electrónica, las *raves,* en los que se baila en tinieblas, se escucha música *trance* y se vuela gracias al éxtasis. No es forzado equiparar estas celebraciones a las grandes festividades populares de índole religiosa de antaño: en ellas se vuelca, secularizado, ese espíritu religioso que, en sintonía con el sesgo vocacional de la época, ha reemplazado la liturgia y los catecismos de las religiones tradicionales por esas manifestaciones de misticismo musical en las que, al compás de unas voces e instrumentos enardecidos que los parlantes amplifican hasta lo inaudito, el individuo se desindividualiza, se vuelve masa y de inconsciente manera regresa a los tiempos primitivos de la magia y la tribu. Ése es el modo contemporáneo, mucho más divertido por cierto, de alcanzar aquel éxtasis que Santa Teresa o San Juan de la Cruz lograban a través del ascetismo, la oración y la fe. En la fiesta y el concierto multitudinarios los jóvenes de hoy comulgan, se confiesan, se redimen, se realizan y gozan de ese modo intenso y elemental que es el olvido de sí mismos.

Masificación es otro rasgo, junto con la frivolidad, de la cultura de nuestro tiempo. Ahora los deportes han adquirido una importancia que en el pasado sólo tuvieron en la antigua Grecia. Para Platón, Sócrates, Aristóteles y demás frecuentadores de la

Academia, el cultivo del cuerpo era simultáneo y complementario del cultivo del espíritu, pues creían que ambos se enriquecían mutuamente. La diferencia con nuestra época es que ahora, por lo general, la práctica de los deportes se hace a expensas y en lugar del trabajo intelectual. Entre los deportes, ninguno descuella tanto como el fútbol, fenómeno de masas que, al igual que los conciertos de música moderna, congrega muchedumbres y las enardece más que ninguna otra movilización ciudadana: mítines políticos, procesiones religiosas o convocatorias cívicas. Un partido de fútbol puede ser desde luego para los aficionados —yo soy uno de ellos— un espectáculo estupendo, de destreza y armonía del conjunto y de lucimiento individual, que entusiasma al espectador. Pero, en nuestros días, los grandes partidos de fútbol sirven sobre todo, como los circos romanos, de pretexto y desahogo a lo irracional, de regresión del individuo a su condición de parte de la tribu, de pieza gregaria en la que, amparado en el anonimato cálido de la tribuna, el espectador da rienda suelta a sus instintos agresivos de rechazo del otro, de conquista y aniquilación simbólica (y a veces hasta real) del adversario. Las famosas «barras bravas» de ciertos clubes y los estragos que provocan con sus entreveros homicidas, incendios de tribunas y decenas de víctimas muestran cómo en muchos casos no es la práctica de un deporte lo que imanta a tantos hinchas —casi siempre varones aunque cada vez haya más mujeres que frecuenten los estadios— hacia las canchas, sino un ritual que desencadena en el individuo instintos y pulsiones irracionales que le permiten renunciar a su condición civilizada y conducirse, a lo largo de un partido, como parte de la horda primitiva.

Paradójicamente, el fenómeno de la masificación es paralelo al de la extensión del consumo de drogas a todos los niveles de la pirámide social. Desde luego que el uso de estupefacientes tiene una antigua tradición en Occidente, pero hasta hace relativamente poco tiempo era práctica casi exclusiva de las elites y de sectores reducidos y marginales, como los círculos bohemios, literarios y artísticos, en los que, en el siglo XIX, las flores artificiales tuvieron cultores tan respetables como Charles Baudelaire y Thomas de Quincey.

En la actualidad, la generalización del uso de las drogas no es nada semejante, no responde a la exploración de nuevas sensaciones o visiones emprendida con propósitos artísticos o científicos. Ni es una manifestación de rebeldía contra las normas establecidas por seres inconformes, empeñados en adoptar formas alternativas de existencia. En nuestros días el consumo masivo de marihuana, cocaína, éxtasis, crack, heroína, etcétera, responde a un entorno cultural que empuja a hombres y mujeres a la busca de placeres fáciles y rápidos, que los inmunicen contra la preocupación y la responsabilidad, en lugar del encuentro consigo mismos a través de la reflexión y la introspección, actividades eminentemente intelectuales que a la cultura veleidosa y lúdica le resultan aburridas. Querer huir del vacío y de la angustia que provoca el sentirse libre y obligado a tomar decisiones como qué hacer de sí mismo y del mundo que nos rodea —sobre todo si éste enfrenta desafíos y dramas— es lo que atiza esa necesidad de distracción, el motor de la civilización en que vivimos. Para millones de personas las drogas sirven hoy, como las religiones y la alta cultura ayer, para aplacar las dudas y perplejidades sobre la condición humana, la vida, la muerte, el más allá, el sentido o sinsentido de la existencia. Ellas, en la exaltación y euforia o sosiego artificiales que producen, confieren la momentánea seguridad de estar a salvo, redimido y feliz. Se trata de una ficción, no benigna sino maligna en este caso, que aísla al individuo y que sólo en apariencia lo libera de problemas, responsabilidades y angustias. Porque al final todo ello volverá a hacer presa de él, exigiéndole cada vez dosis mayores de aturdimiento y sobreexcitación que profundizarán su vacío espiritual.

En la civilización del espectáculo el laicismo ha ganado terreno sobre las religiones, en apariencia. Y, entre los todavía creyentes, han aumentado los que sólo lo son a ratos y de boca para afuera, de manera superficial y social, en tanto que en la mayor parte de sus vidas prescinden por entero de la religión. El efecto positivo de la secularización de la vida es que la libertad es ahora más profunda que cuando la recortaban y asfixiaban los dogmas y censuras eclesiásticas. Pero se equivocan quienes creen que porque haya hoy en el mundo occidental porcentajes menores de católicos y protestantes que antaño, ha ido desapareciendo la religión en los sectores ganados al laicismo. Eso sólo ocurre en las estadísticas. En verdad, al mismo tiempo que muchos fieles renunciaban a las iglesias tradicionales, comenzaban a proliferar las sectas, los cultos y toda clase de formas alternativas de practicar la religión, desde el espiritualismo oriental en todas sus escuelas y divisiones —budismo, budismo zen, tantrismo, yoga— hasta las iglesias evangélicas que ahora pululan y se dividen y subdividen en los barrios marginales, y pintorescos sucedáneos como el Cuarto Camino, el rosacrucismo, la Iglesia de la Unificación —los *Moonies*—, la Cienciología, tan popular en Hollywood, e iglesias todavía más exóticas y epidérmicas.*

La razón de esta proliferación de iglesias y sectas es que sólo sectores muy reducidos de seres humanos pueden prescindir por entero de la religión, la que, a la inmensa mayoría, hace falta pues sólo la seguridad que la fe religiosa transmite sobre la trascendencia y el alma la libera del desasosiego, miedo y desvarío en que la sume la idea de la extinción, del perecimiento total. Y, de hecho, la única manera como la mayoría de los seres humanos entiende y practica una ética es a través de una religión. Sólo pequeñas minorías se emancipan de la religión reemplazando con la cultura el vacío que ella deja en sus vidas: la filosofía, la ciencia, la literatura y las artes. Pero la cultura que puede cumplir esta función es la alta cultura, que afronta los problemas y no los escabulle, que intenta dar respuestas serias y no lúdicas a los grandes enigmas, interrogaciones y conflictos de que está rodeada la existencia humana. La cultura de superficie y oropel, de juego y pose, es insuficiente para suplir las certidumbres, mitos, misterios y rituales de las religiones que han sobrevivido a la prueba de los siglos. En la sociedad de nuestro tiempo los estupefacientes y el alcohol suministran aquella tranquilidad momentánea del espíritu y las certezas y alivios que antaño deparaban a los hombres y mujeres los

---

* Cito la carta de un amigo colombiano: «A mí también me ha llamado la atención, sobre todo cierta forma de neoindigenismo que practican, como nueva moda, las clases altas y medias bogotanas (quizás también en otros países). Ahora, en lugar de cura o psicoanalista, estos jóvenes tienen chamán, y cada quince días toman yagé en ceremonias colectivas que tienen un fin terapéutico y espiritual. Quienes participan en esto son, desde luego, "ateos": gente de cultura, artistas, antiguos bohemios...».

rezos, la confesión, la comunión y los sermones de los párrocos.

Tampoco es casual que, así como en el pasado los políticos en campaña querían fotografiarse y aparecer del brazo de eminentes científicos y dramaturgos, hoy busquen la adhesión y el patrocinio de los cantantes de rock y de los actores de cine, así como de estrellas del fútbol y otros deportes. Éstos han reemplazado a los intelectuales como directores de conciencia política de los sectores medios y populares y ellos encabezan los manifiestos, los leen en las tribunas y salen a la televisión a predicar lo que es bueno y es malo en el campo económico, político y social. En la civilización del espectáculo, el cómico es el rey. Por lo demás, la presencia de actores y cantantes no sólo es importante en esa periferia de la vida política que es la opinión pública. Algunos de ellos han participado en elecciones y, como Ronald Reagan y Arnold Schwarzenegger, llegado a cargos tan importantes como la presidencia de Estados Unidos y la gobernación de California. Desde luego, no excluyo la posibilidad de que actores de cine y cantantes de rock o de rap y futbolistas puedan hacer estimables sugerencias en el campo de las ideas, pero sí rechazo que el protagonismo político de que hoy día gozan tenga algo que ver con su lucidez o inteligencia. Se debe exclusivamente a su presencia mediática y a sus aptitudes histriónicas.

Porque un hecho singular de la sociedad contemporánea es el eclipse de un personaje que desde hace siglos y hasta hace relativamente pocos años desempeñaba un papel importante en la vida de las naciones: el intelectual. Se dice que la denominación de «intelectual» sólo nació en el siglo XIX, durante el caso

Dreyfus, en Francia, y las polémicas que desató Émile Zola con su célebre «Yo acuso», escrito en defensa de aquel oficial judío falsamente acusado de traición a la patria por una conjura de altos mandos antisemitas del Ejército francés. Pero, aunque el término «intelectual» sólo se popularizara a partir de entonces, lo cierto es que la participación de hombres de pensamiento y creación en la vida pública, en los debates políticos, religiosos y de ideas, se remonta a los albores mismos de Occidente. Estuvo presente en la Grecia de Platón y en la Roma de Cicerón, en el Renacimiento de Montaigne y Maquiavelo, en la Ilustración de Voltaire y Diderot, en el Romanticismo de Lamartine y Victor Hugo y en todos los períodos históricos que condujeron a la modernidad. Paralelamente a su trabajo de investigación, académico o creativo, buen número de escritores y pensadores destacados influyeron con sus escritos, pronunciamientos y tomas de posición en el acontecer político y social, como ocurría cuando yo era joven, en Inglaterra con Bertrand Russell, en Francia con Sartre y Camus, en Italia con Moravia y Vittorini, en Alemania con Günter Grass y Enzensberger, y lo mismo en casi todas las democracias europeas. Basta pensar, en España, en las intervenciones en la vida pública de José Ortega y Gasset y Miguel de Unamuno. En nuestros días, el intelectual se ha esfumado de los debates públicos, por lo menos de los que importan. Es verdad que algunos todavía firman manifiestos, envían cartas a los diarios y se enzarzan en polémicas, pero nada de ello tiene repercusión seria en la marcha de la sociedad, cuyos asuntos económicos, institucionales e incluso culturales se deciden por el poder político y administrativo y los llamados poderes fácticos, entre los cuales los intelectuales brillan por su ausencia.

Conscientes de la desairada situación a que han sido reducidos por la sociedad en la que viven, la mayoría ha optado por la discreción o la abstención en el debate público. Confinados en su disciplina o quehacer particular, dan la espalda a lo que hace medio siglo se llamaba «el compromiso» cívico o moral del escritor y el pensador con la sociedad. Hay excepciones, pero, entre ellas, las que suelen contar —porque llegan a los medios— son las encaminadas más a la autopromoción y el exhibicionismo que a la defensa de un principio o un valor. Porque, en la civilización del espectáculo, el intelectual sólo interesa si sigue el juego de moda y se vuelve un bufón.

¿Qué ha conducido al empequeñecimiento y volatilización del intelectual en nuestro tiempo? Una razón que debe considerarse es el descrédito en que varias generaciones de intelectuales cayeron por sus simpatías con los totalitarismos nazi, soviético y maoísta, y su silencio y ceguera frente a horrores como el Holocausto, el Gulag soviético y las carnicerías de la Revolución Cultural china. En efecto, es desconcertante y abrumador que, en tantos casos, quienes parecían las mentes privilegiadas de su tiempo hicieran causa común con regímenes responsables de genocidios, horrendos atropellos contra los derechos humanos y la abolición de todas las libertades. Pero, en verdad, la verdadera razón para la pérdida total del interés de la sociedad en su conjunto por los intelectuales es consecuencia directa de la ínfima vigencia que tiene el pensamiento en la civilización del espectáculo.

Porque otra característica de ella es el empobrecimiento de las ideas como fuerza motora de la vida cultural. Hoy vivimos la primacía de las imágenes sobre las ideas. Por eso los medios audiovisuales, el cine, la televisión y ahora Internet han ido dejando rezagados a los libros, los que, si las predicciones pesimistas de un George Steiner se confirman, pasarán dentro de no mucho tiempo a las catacumbas. (Los amantes de la anacrónica cultura libresca, como yo, no debemos lamentarlo, pues, si así ocurre, esa marginación tal vez tenga un efecto depurador y aniquile la literatura del *best-seller,* justamente llamada basura no sólo por la superficialidad de sus historias y la indigencia de su forma, sino por su carácter efímero, de literatura de actualidad, hecha para ser consumida y desaparecer, como los jabones y las gaseosas.)

El cine, que, por supuesto, fue siempre un arte de entretenimiento, orientado al gran público, tuvo al mismo tiempo, en su seno, a veces como una corriente marginal y algunas veces central, grandes talentos que, pese a las difíciles condiciones en que debieron siempre trabajar los cineastas por razones de presupuesto y dependencia de las productoras, fueron capaces de realizar obras de una gran riqueza, profundidad y originalidad, y de inequívoco sello personal. Pero, nuestra época, conforme a la inflexible presión de la cultura dominante, que privilegia el ingenio sobre la inteligencia, las imágenes sobre las ideas, el humor sobre la gravedad, la banalidad sobre lo profundo y lo frívolo sobre lo serio, ya no produce creadores como Ingmar Bergman, Luchino Visconti o Luis Buñuel. ¿A quién corona ícono el cine de nuestros días? A Woody Allen, que es, a un David Lean o un Orson Welles, lo que Andy Warhol a Gauguin o Van Gogh en pintura, o un Dario Fo a un Chéjov o un Ibsen en teatro.

Tampoco sorprende que, en la era del espectáculo, en el cine los efectos especiales hayan pasado a tener un protagonismo que relega a temas, directores, guión y hasta actores a un segundo plano. Se puede alegar que ello se debe en buena parte a la prodigiosa evolución tecnológica de los últimos años, que permite ahora hacer verdaderos milagros en el campo de la simulación y la fantasía visuales. En parte, sin duda. Pero en otra parte, y acaso la principal, se debe a una cultura que propicia el menor esfuerzo intelectual, no preocuparse ni angustiarse ni, en última instancia, pensar, y más bien abandonarse, en actitud pasiva, a lo que el ahora olvidado Marshall McLuhan —sagaz profeta del signo que tomaría la cultura de hoy— llamaba «el baño de las imágenes», esa entrega sumisa a unas emociones y sensaciones desatadas por un bombardeo inusitado y en ocasiones brillantísimo de imágenes que capturan la atención, aunque ellas, por su naturaleza primaria y pasajera, emboten la sensibilidad y el intelecto del público.

En cuanto a las artes plásticas, ellas se adelantaron a todas las otras expresiones de la vida cultural en sentar las bases de la cultura del espectáculo, estableciendo que el arte podía ser juego y farsa y nada más que eso. Desde que Marcel Duchamp, quien, qué duda cabe, era un genio, revolucionó los patrones artísticos de Occidente estableciendo que un excusado era también una obra de arte si así lo decidía el artista, ya todo fue posible en el ámbito de la pintura y escultura, hasta que un magnate pague doce millones y medio de euros por un tiburón preservado en formol en un recipiente de vidrio y que el autor de esa broma, Damien Hirst, sea hoy reverenciado no como el extraordinario vendedor de embaucos que es, sino como un gran artista de nuestro tiempo. Tal vez lo sea, pero eso no habla bien de él sino muy mal de nuestro tiempo. Un tiempo en que el desplante y la bravata, el gesto provocador y despojado de sentido, bastan a veces, con la complicidad de las mafias que controlan el mercado del arte y los críticos cómplices o papanatas, para coronar falsos prestigios, confiriendo el estatuto de artistas a ilusionistas que ocultan su indigencia y su vacío detrás del embeleco y la supuesta insolencia. Digo «supuesta» porque el excusado de Duchamp tenía al menos la virtud de la provocación. En nuestros días, en que lo que se espera de los artistas no es el talento, ni la destreza, sino la pose y el escándalo, sus atrevimientos no son más que las máscaras de un nuevo conformismo. Lo que era antes revolucionario se ha vuelto moda, pasatiempo, juego, un ácido sutil que desnaturaliza el quehacer artístico y lo vuelve función de Gran Guiñol. En las artes plásticas la frivolización ha llegado a extremos alarmantes. La desaparición de mínimos consensos sobre los valores estéticos hace que en este ámbito la confusión reine y reinará por mucho tiempo, pues ya no es posible discernir con cierta objetividad qué es tener talento o carecer de él, qué es bello y qué es feo, qué obra representa algo nuevo y durable y cuál no es más que un fuego fatuo. Esa confusión ha convertido el mundo de las artes plásticas en un carnaval donde genuinos creadores y vivillos y embusteros andan revueltos y a menudo resulta difícil diferenciarlos. Inquietante anticipo de los abismos a que puede llegar una cultura enferma de hedonismo barato que sacrifica toda otra motivación y designio a divertir. En un agudo ensayo sobre las escalofriantes derivas que ha llegado a tomar el arte contemporáneo en sus casos extremos, Carlos Granés Maya cita «una de las *performances* más abyectas que se recuerden en Colombia», la del artista Fernando Pertuz que en una galería de arte defecó ante el público y, luego, «con total solemnidad», procedió a ingerir sus heces.*

Y, en cuanto a la música, el equivalente del excusado de Marcel Duchamp es, sin duda, la composición del gran gurú de la modernidad musical en los Estados Unidos, John Cage, titulada *4'33"* (1952), en la que un pianista se sentaba frente a un piano pero no tocaba una tecla durante cuatro minutos y treinta y tres segundos, pues la obra consistía en los ruidos que eran producidos en la sala por el azar y los oyentes divertidos o exasperados. El empeño del compositor y teórico era abolir los prejuicios que hacen distingos de valor entre el sonido y la bulla o el ruido. No hay duda que lo consiguió.

En la civilización del espectáculo la política ha experimentado una banalización acaso tan pronunciada como la literatura, el cine y las artes plásticas, lo que significa que en ella la publicidad y sus eslóganes, lugares comunes, frivolidades, modas y tics, ocupan casi enteramente el quehacer antes dedicado a razones, programas, ideas y doctrinas. El político de nuestros días, si quiere conservar su popularidad, está obligado a dar una atención primordial al gesto y a la forma, que importan más que sus valores, convicciones y principios.

Cuidar de las arrugas, la calvicie, las canas, el tamaño de la nariz y el brillo de la dentadura, así como del atuendo, vale tanto, y a veces más, que explicar lo que el político se propone hacer o deshacer a la hora de gobernar. La entrada de la modelo y cantante Carla Bruni al Palacio del Elíseo como Ma-

---

* Carlos Granés Maya, «Revoluciones modernas, culpas posmodernas», en *Antropología: horizontes estéticos*, edición de Carmelo Lisón Tolosana, Barcelona, Editorial Anthropos, 2010, p. 227.

dame Sarkozy y el fuego de artificio mediático que trajo consigo y que aún no cesa de coletear, muestra cómo, ni siquiera Francia, el país que se preciaba de mantener viva la vieja tradición de la política como quehacer intelectual, de cotejo de doctrinas e ideas, ha podido resistir y ha sucumbido también a la frivolidad universalmente imperante.

(Entre paréntesis, tal vez convendría dar alguna precisión sobre lo que entiendo por frivolidad. El diccionario llama frívolo a lo ligero, veleidoso e insustancial, pero nuestra época ha dado a esa manera de ser una connotación más compleja. La frivolidad consiste en tener una tabla de valores invertida o desequilibrada en la que la forma importa más que el contenido, la apariencia más que la esencia y en la que el gesto y el desplante —la representación— hacen las veces de sentimientos e ideas. En una novela medieval que yo admiro, *Tirant lo Blanc,* la esposa de Guillem de Vàroic da una bofetada a su hijo, un niñito recién nacido, para que llore por la partida de su padre a Jerusalén. Nosotros los lectores nos reímos, divertidos con ese disparate, como si las lágrimas que le arranca esa bofetada a la pobre criatura pudieran ser confundidas con el sentimiento de tristeza. Pero ni esa dama ni los personajes que contemplan aquella escena se ríen porque para ellos el llanto —la pura forma— es la tristeza. Y no hay otra manera de estar triste que llorando —«derramando vivas lágrimas» dice la novela— pues en ese mundo es la forma la que cuenta, a cuyo servicio están los contenidos de los actos. Eso es la frivolidad, una manera de entender el mundo, la vida, según la cual todo es apariencia, es decir teatro, es decir juego y diversión.)

Comentando la fugaz revolución zapatista del subcomandante Marcos en Chiapas —una revolución que Carlos Fuentes llamó la primera «revolución posmoderna», apelativo sólo admisible en su acepción de mera representación sin contenido ni trascendencia, montada por un experto en técnicas de publicidad—, Octavio Paz señaló con exactitud el carácter efímero, presentista, de las acciones (más bien simulacros) de los políticos contemporáneos: «Pero la civilización del espectáculo es cruel. Los espectadores no tienen memoria; por esto tampoco tienen remordimientos ni verdadera conciencia. Viven prendidos a la novedad, no importa cuál sea con tal de que sea nueva. Olvidan pronto y pasan sin pestañear de las escenas de muerte y destrucción de la guerra del Golfo Pérsico a las curvas, contorsiones y trémulos de Madonna y de Michael Jackson. Los comandantes y los obispos están llamados a sufrir la misma suerte; también a ellos les aguarda el Gran Bostezo, anónimo y universal, que es el Apocalipsis y el Juicio Final de la sociedad del espectáculo».[*]

En el dominio del sexo nuestra época ha experimentado transformaciones notables, gracias a una progresiva liberalización de los antiguos prejuicios y tabúes de carácter religioso que mantenían a la vida sexual dentro de un cepo de prohibiciones. En este campo, sin duda, en el mundo occidental ha habido progresos con la aceptación de las uniones libres, la reducción de la discriminación machista contra las mujeres, los gays y otras minorías sexuales que poco a poco van siendo integradas en una sociedad que, a veces a regañadientes, comienza a reconocer el derecho a la libertad sexual entre adultos. Ahora bien, la

---

[*] Paz, Octavio, «Chiapas: hechos, dichos y gestos», en *Obra completa*, V, 2.ª edición, Barcelona, Galaxia Gutenberg/Círculo de Lectores, 2002, p. 546.

contrapartida de esta emancipación sexual ha sido, también, la banalización del acto sexual, que, para muchos, sobre todo en las nuevas generaciones, se ha convertido en un deporte o pasatiempo, un quehacer compartido que no tiene más importancia, y acaso menos, que la gimnasia, el baile o el fútbol. Tal vez sea sano, en materia de equilibrio psicológico y emocional, esta frivolización del sexo, aunque debería llevarnos a reflexionar el hecho de que, en una época como la nuestra, de notable libertad sexual, incluso en las sociedades más abiertas no hayan disminuido los crímenes sexuales y, acaso, hayan aumentado. El sexo *light* es el sexo sin amor y sin imaginación, el sexo puramente instintivo y animal. Desfoga una necesidad biológica pero no enriquece la vida sensible ni emocional ni estrecha la relación de la pareja más allá del entrevero carnal; en vez de liberar al hombre o a la mujer de la soledad, pasado el acto perentorio y fugaz del amor físico, los devuelve a ella con una sensación de fracaso y frustración.

El erotismo ha desaparecido, al mismo tiempo que la crítica y la alta cultura. ¿Por qué? Porque el erotismo, que convierte el acto sexual en obra de arte, en un ritual al que la literatura, las artes plásticas, la música y una refinada sensibilidad impregnan de imágenes de elevado virtuosismo estético, es la negación misma de ese sexo fácil, expeditivo y promiscuo en el que paradójicamente ha desembocado la libertad conquistada por las nuevas generaciones. El erotismo existe como contrapartida o desacato a la norma, es una actitud de desafío a las costumbres entronizadas y, por lo mismo, implica secreto y clandestinidad. Sacado a la luz pública, vulgarizado, se degrada y eclipsa, no lleva a cabo esa desanimalización y humanización espiritual y artística del quehacer sexual que permitió antaño. Produce pornografía, abaratamiento procaz y canalla de ese erotismo que irrigó, en el pasado, una corriente riquísima de obras en la literatura y las artes plásticas, que, inspiradas en las fantasías del deseo sexual, producían memorables creaciones estéticas, desafiaban el *statu quo* político y moral, combatían por el derecho de los seres humanos al placer y dignificaban un instinto animal transformándolo en obra de arte.

¿De qué manera ha influido el periodismo en la civilización del espectáculo y ésta en aquél?

La frontera que tradicionalmente separaba al periodismo serio del escandaloso y amarillo ha ido perdiendo nitidez, llenándose de agujeros hasta en muchos casos evaporarse, al extremo de que es difícil en nuestros días establecer aquella diferencia en los distintos medios de información. Porque una de las consecuencias de convertir el entretenimiento y la diversión en el valor supremo de una época es que, en el campo de la información, insensiblemente ello va produciendo también un trastorno recóndito de las prioridades: las noticias pasan a ser importantes o secundarias sobre todo, y a veces exclusivamente, no tanto por su significación económica, política, cultural y social como por su carácter novedoso, sorprendente, insólito, escandaloso y espectacular. Sin que se lo haya propuesto, el periodismo de nuestros días, siguiendo el mandato cultural imperante, busca entretener y divertir informando, con el resultado inevitable de fomentar, gracias a esta sutil deformación de sus objetivos tradicionales, una prensa también *light*, ligera, amena, superficial y entretenida que, en los casos extremos, si no tiene a la mano informaciones de esta índole sobre las que dar cuenta, ella misma las fabrica.

Por eso, no debe llamarnos la atención que los casos más notables de conquista de grandes públicos por órganos de prensa los alcancen hoy no las publicaciones serias, las que buscan el rigor, la verdad y la objetividad en la descripción de la actualidad, sino las llamadas «revistas del corazón», las únicas que desmienten con sus ediciones millonarias el axioma según el cual en nuestra época el periodismo de papel se encoge y retrocede ante la competencia del audiovisual y digital. Esto sólo vale para la prensa que todavía trata, remando contra la corriente, de ser responsable, de informar antes que entretener o divertir al lector. Pero ¿qué decir de un fenómeno como el de *Hola!*? Esa revista, que ahora se publica no sólo en español, sino en once idiomas, es ávidamente leída —acaso sería más exacto decir hojeada— por millones de lectores en el mundo entero —entre ellos los de los países más cultos del planeta, como Canadá e Inglaterra— que, está demostrado, la pasan muy bien con las noticias sobre cómo se casan, descasan, recasan, visten, desvisten, se pelean, se amistan y dispensan sus millones, sus caprichos y sus gustos, disgustos y malos gustos los ricos, triunfadores y famosos de este valle de lágrimas. Yo vivía en Londres, en 1989, cuando apareció la versión inglesa de *Hola!*, *Hello!*, y he visto con mis propios ojos la vertiginosa rapidez con que aquella criatura periodística española conquistó a la tierra de Shakespeare. No es exagerado decir que *Hola!* y congéneres son los productos periodísticos más genuinos de la civilización del espectáculo.

Convertir la información en un instrumento de diversión es abrir poco a poco las puertas de la legitimidad a lo que, antes, se refugiaba en un periodismo marginal y casi clandestino: el escándalo, la infidencia, el chisme, la violación de la privacidad, cuando no —en los casos peores— al libelo, la calumnia y el infundio.

Porque no existe forma más eficaz de entretener y divertir que alimentando las bajas pasiones del común de los mortales. Entre éstas ocupa un lugar epónimo la revelación de la intimidad del prójimo, sobre todo si es una figura pública, conocida y prestigiada. Éste es un deporte que el periodismo de nuestros días practica sin escrúpulos, amparado en el derecho a la libertad de información. Aunque existen leyes al respecto y algunas veces —raras veces— hay procesos y sentencias jurídicas que penalizan los excesos, se trata de una costumbre cada vez más generalizada que ha conseguido, de hecho, que en nuestra época la privacidad desaparezca, que ningún rincón de la vida de cualquiera que ocupe la escena pública se libre de ser investigado, revelado y explotado a fin de saciar esa hambre voraz de entretenimiento y diversión que periódicos, revistas y programas de información están obligados a tener en cuenta si quieren sobrevivir y no ser expulsados del mercado. Al mismo tiempo que actúan así, en respuesta a una exigencia de su público, los órganos de prensa, sin quererlo y sin saberlo, contribuyen mejor que nadie a consolidar esa civilización *light* que ha dado a la frivolidad la supremacía que antes tuvieron las ideas y las realizaciones artísticas.

En uno de sus últimos artículos, «No hay piedad para Ingrid ni Clara»,* Tomás Eloy Martínez se

---

* *El País*, Madrid, 6 de septiembre de 2008.

indignaba por el acoso a que sometieron los periodistas practicantes del amarillismo a Ingrid Betancourt y a Clara Rojas, al ser liberadas, luego de seis años en las selvas colombianas secuestradas por las FARC, con preguntas tan crueles y estúpidas como si las habían violado, si habían visto violar a otras cautivas, o —esto a Clara Rojas— si había tratado de ahogar en un río al hijo que tuvo con un guerrillero. «Este periodismo —escribía Tomás Eloy Martínez— sigue esforzándose por convertir a las víctimas en piezas de un espectáculo que se presenta como información necesaria, pero cuya única función es saciar la curiosidad perversa de los consumidores del escándalo». Su protesta era justa, desde luego. Su error consistía en suponer que «la curiosidad perversa de los consumidores del escándalo» es patrimonio de una minoría. No es verdad: esa curiosidad carcome a esas vastas mayorías a las que nos referimos cuando hablamos de «opinión pública». Esa vocación maledicente, escabrosa y frívola es la que da el tono cultural de nuestro tiempo y la imperiosa demanda a que la prensa toda, en grados distintos y con pericia y formas diferentes, está obligada a atender, tanto la seria como la descaradamente escandalosa.

Otra materia que ameniza mucho la vida de la gente es la catástrofe. Todas, desde los terremotos y maremotos hasta los crímenes en serie y, sobre todo, si en ellos hay los agravantes del sadismo y las perversiones sexuales. Por eso, en nuestra época, ni la prensa más responsable puede evitar que sus páginas se vayan tiñendo de sangre, de cadáveres y de pedófilos. Porque éste es un alimento morboso que necesita y reclama ese apetito de asombro que inconscientemente presiona sobre los medios de comunicación por parte del público lector, oyente y espectador.

Toda generalización es falaz y no se puede meter en el mismo saco a todos por igual. Por supuesto que hay diferencias y que algunos medios tratan de resistir la presión en la que operan sin renunciar a los viejos paradigmas de seriedad, objetividad, rigor y fidelidad a la verdad, aunque ello sea aburrido y provoque en los lectores y oyentes el Gran Bostezo del que hablaba Octavio Paz. Señalo una tendencia que marca el quehacer periodístico de nuestro tiempo, sin desconocer que hay diferencias de profesionalismo, de conciencia y comportamiento ético entre los distintos órganos de prensa. Pero la triste verdad es que ningún diario, revista y programa informativo de hoy puede sobrevivir —conservar un público fiel— si desobedece de manera absoluta los rasgos distintivos de la cultura predominante de la sociedad y el tiempo en el que opera. Desde luego que los grandes órganos de prensa no son meras veletas que deciden su línea editorial, su conducta moral y sus prelaciones informativas en función exclusiva de los sondeos de las agencias sobre los gustos del público. Su función es, también, orientar, asesorar, educar y dilucidar lo que es cierto o falso, justo e injusto, bello y execrable en el vertiginoso vórtice de la actualidad en la que el público se siente extraviado. Pero para que esta función sea posible es preciso tener un público. Y el diario o programa que no comulga en el altar del espectáculo corre hoy el riesgo de perderlo y dirigirse sólo a fantasmas.

No está en poder del periodismo por sí solo cambiar la civilización del espectáculo, que ha contribuido a forjar. Ésta es una realidad enraizada en nuestro tiempo, la partida de nacimiento de las nuevas generaciones, una manera de ser, de vivir y acaso de morir del mundo que nos ha tocado, a nosotros, los afortunados ciudadanos de estos países a los que la democracia, la libertad, las ideas, los valores, los libros, el arte y la literatura de Occidente nos han deparado el privilegio de convertir al entretenimiento pasajero en la aspiración suprema de la vida humana y el derecho de contemplar con cinismo y desdén todo lo que aburre, preocupa y nos recuerda que la vida no sólo es diversión, también drama, dolor, misterio y frustración.

Antecedentes

Piedra de Toque
Caca de elefante

En Inglaterra, aunque usted no lo crea, todavía son posibles los escándalos artísticos. La muy respetable Royal Academy of Arts, institución privada que se fundó en 1768 y que, en su galería de Mayfair, suele presentar retrospectivas de grandes clásicos o de modernos sacramentados por la crítica, protagoniza en estos días uno que hace las delicias de la prensa y de los filisteos que no pierden su tiempo en exposiciones. Pero, a ésta, gracias al escándalo, irán en masa, permitiendo de este modo —no hay bien que por mal no venga— que la pobre Royal Academy supere por algún tiempito más sus crónicos quebrantos económicos.

¿Fue con este objetivo en mente que organizó la muestra Sensation, *con obras de jóvenes pintores y escultores británicos de la colección del publicista Charles Saatchi? Si fue así, bravo, éxito total. Es seguro que las masas acudirán a contemplar, aunque sea tapándose las narices, las obras del joven Chris Ofili, de veintinueve años, alumno del Royal College of Art, estrella de su generación según un crítico, que monta sus obras sobre bases de caca de elefante solidificada. No fue por esta particularidad, sin embargo, por la que Chris Ofili llegó a los titulares de los tabloides, sino por su blasfema pieza* Santa Virgen María, *en la que la madre de Jesús aparece rodeada de fotos pornográficas.*

Pero no es este cuadro el que ha generado más comentarios. El laurel se lo lleva el retrato de una famosa infanticida, Myra Hindley, que Marcus Harvey, el astuto artista, ha compuesto mediante la impostación de manos pueriles. Otra originalidad de la muestra resulta de la colaboración de Jake y Dinos Chapman; la obra se llama Aceleración Cigótica *y, ¿como indica su título?, despliega a un abanico de niños andróginos cuyas caras son, en verdad, falos erectos. Ni que decir que la infamante acusación de pedofilia ha sido proferida contra los inspirados autores. Si la exposición es verdaderamente representativa de lo que estimula y preocupa a los jóvenes artistas en Gran Bretaña, hay que concluir que la obsesión genital encabeza su tabla de prioridades. Por ejemplo, Mat Collishaw ha perpetrado un óleo describiendo, en un primer plano gigante, el impacto de una bala en un cerebro humano; pero lo que el espectador ve, en realidad, es una vagina y una vulva. ¿Y qué decir del audaz ensamblador que ha atiborrado sus urnas de cristal con huesos humanos y, por lo visto, hasta residuos de un feto?*

Lo notable del asunto no es que productos de esta catadura lleguen a deslizarse en las salas de exposiciones más ilustres, sino que haya gentes que todavía se sorprendan por ello. En lo que a mí se refiere, yo advertí que algo andaba podrido en el mundo del arte hace exactamente treinta y siete años, en París, cuando un buen amigo, escultor cubano, harto de que las galerías se negaran a exponer las espléndidas maderas que yo le veía trabajar de sol a sol en su chambre de bonne, *decidió que el camino más seguro hacia el éxito en materia de arte era llamar la atención. Y, dicho y hecho, produjo unas «esculturas» que consistían en pedazos de carne podrida, encerrados en cajas de vidrio, con moscas vivas revoloteando en torno. Unos parlantes aseguraban que el zumbido de las moscas resonara en todo el local como una amenaza terrífica. Triunfó, en efecto, pues hasta una estrella de la Radio-Televisión Francesa, Jean-Marie Drot, lo invitó a su programa.*

La más inesperada y truculenta consecuencia de la evolución del arte moderno y la miríada de experimentos que lo nutren es que ya no existe criterio objetivo alguno que permita calificar o descalificar una obra de arte, ni situarla dentro de una jerarquía, posibilidad que se fue eclipsando a partir de la revolución cubista y desapareció del todo con la no figuración. En la actualidad todo *puede ser arte y* nada *lo es, según el soberano capricho de los espectadores, elevados, en razón del naufragio de todos los patrones estéticos, al nivel de árbitros y jueces que antaño detentaban sólo ciertos críticos. El único criterio más o menos generalizado para las obras de arte en la actualidad no tiene nada de artístico; es el impuesto por un mercado intervenido y manipulado por mafias de galeristas y* marchands *que de ninguna manera revela gustos y sensibilidades estéticas, sólo operaciones publicitarias, de relaciones públicas y en muchos casos simples atracos.*

Hace más o menos un mes visité, por cuarta vez en mi vida (pero ésta será la última), la Bienal de Venecia. Estuve allí un par de horas, creo, y al salir advertí que a ni uno solo de todos los cuadros, esculturas y objetos que había visto, en la veintena de pabellones que recorrí, le hubiera abierto las puertas de mi casa. El espectáculo era tan aburrido, farsesco y desolador como la exposición de la Royal Academy, pero multiplicado por cien y con decenas de países representados en la patética mojiganga, donde, bajo la coartada de la modernidad, el experimento, la búsqueda de «nuevos medios de expresión», en verdad se documentaba la terrible orfandad de ideas, de cultura artística, de destreza artesa-

nal, de autenticidad e integridad que caracteriza a buena parte del quehacer plástico en nuestros días.

Desde luego, hay excepciones. Pero, no es nada fácil detectarlas, porque, a diferencia de lo que ocurre con la literatura, campo en el que todavía no se han desmoronado del todo los códigos estéticos que permiten identificar la originalidad, la novedad, el talento, la desenvoltura formal o la ramplonería y el fraude, y donde existen aún —¿por cuánto tiempo más?— casas editoriales que mantienen unos criterios coherentes y de alto nivel, en el caso de la pintura es el sistema el que está podrido hasta los tuétanos, y muchas veces los artistas más dotados y auténticos no encuentran el camino del público por ser insobornables o simplemente ineptos para lidiar en la jungla deshonesta donde se deciden los éxitos y fracasos artísticos.

A pocas cuadras de la Royal Academy, en Trafalgar Square, en el pabellón moderno de la National Gallery, hay una pequeña exposición que debería ser obligatoria para todos los jóvenes de nuestros días que aspiran a pintar, esculpir, componer, escribir o filmar. Se llama Seurat y los bañistas *y está dedicada al cuadro* Un baño en Asnières, *uno de los dos más famosos que aquel artista pintó (el otro es* Tarde de domingo en la isla de la Grande Jatte), *entre 1883 y 1884. Aunque dedicó unos dos años de su vida a aquella extraordinaria tela, en los que, como se advierte en la muestra, hizo innumerables bocetos y estudios del conjunto y los detalles del cuadro, en verdad la exposición prueba que toda la vida de Seurat fue una lenta, terca, insomne, fanática preparación para llegar a alcanzar aquella perfección formal que plasmó en esas dos obras maestras.*

En Un baño en Asnières *esa perfección nos maravilla —y, en cierto modo, abruma— en la quietud de las figuras que se asolean, bañan en el río o contemplan el paisaje, bajo aquella luz cenital que parece estar disolviendo en brillos de espejismo el remoto puente, la locomotora que lo cruza y las chimeneas de Passy. Esa serenidad, ese equilibrio, esa armonía secreta entre el hombre y el agua, la nube y el velero, los atuendos y los remos, son, sí, la manifestación de un dominio absoluto del instrumento, del trazo de la línea y la administración de los colores, conquistado a través del esfuerzo; pero, todo ello denota también una concepción altísima, nobilísima, del arte de pintar, como fuente autosuficiente de placer y como realización del espíritu, que encuentra en su propio hacer la mejor recompensa, una vocación que en su ejercicio se justifica y ensalza. Cuando terminó este cuadro, Seurat tenía apenas veinticuatro años, es decir, la edad promedio de esos jóvenes estridentes de la muestra* Sensation *de la Royal Academy; sólo vivió seis más. Su obra, brevísima, es uno de los faros artísticos del siglo XIX. La admiración que ella nos despierta no deriva sólo de la pericia técnica, la minuciosa artesanía, que en ella se refleja. Anterior a todo eso y como sosteniéndolo y potenciándolo, hay una actitud, una ética, una manera de asumir la vocación en función de un ideal, sin las cuales es imposible que un creador llegue a romper los límites de una tradición y los extienda, como hizo Seurat. Esa manera de «elegirse artista» parece haberse perdido para siempre entre los jóvenes impacientes y cínicos de hoy que aspiran a tocar la gloria a como dé lugar, aunque sea empinándose en una montaña de mierda paquidérmica.*

El País, *Madrid, 21 de septiembre de 1997*

II. Breve discurso sobre la cultura

A lo largo de la historia, la noción de cultura ha tenido distintos significados y matices. Durante muchos siglos fue un concepto inseparable de la religión y del conocimiento teológico; en Grecia estuvo marcado por la filosofía y en Roma por el derecho, en tanto que en el Renacimiento lo impregnaban sobre todo la literatura y las artes. En épocas más recientes como la Ilustración fueron la ciencia y los grandes descubrimientos científicos los que dieron el sesgo principal a la idea de cultura. Pero, a pesar de esas variantes y hasta nuestra época, cultura siempre significó una suma de factores y disciplinas que, según amplio consenso social, la constituían y ella implicaba: la reivindicación de un patrimonio de ideas, valores y obras de arte, de unos conocimientos históricos, religiosos, filosóficos y científicos en constante evolución, el fomento de la exploración de nuevas formas artísticas y literarias y de la investigación en todos los campos del saber.

La cultura estableció siempre unos rangos sociales entre quienes la cultivaban, la enriquecían con aportes diversos, la hacían progresar y quienes se desentendían de ella, la despreciaban o ignoraban, o eran excluidos de ella por razones sociales y económicas. En todas las épocas históricas, hasta la nuestra, en una sociedad había personas cultas e incultas, y, entre ambos extremos, personas más o menos cultas o más o menos incultas, y esta clasificación resultaba bastante clara para el mundo entero porque para todos regía un mismo sistema de valores, criterios culturales y maneras de pensar, juzgar y comportarse.

En nuestro tiempo todo aquello ha cambiado. La noción de cultura se extendió tanto que, aunque nadie se atrevería a reconocerlo de manera explícita, se ha esfumado. Se volvió un fantasma inaprensible, multitudinario y traslaticio. Porque ya nadie es culto si todos creen serlo o si el contenido de lo que llamamos cultura ha sido depravado de tal modo que todos puedan justificadamente creer que lo son.

La más remota señal de este proceso de progresivo empastelamiento y confusión de lo que representa una cultura la dieron los antropólogos, inspirados, con la mejor buena fe del mundo, en una voluntad de respeto y comprensión de las sociedades primitivas que estudiaban. Ellos establecieron que cultura era la suma de creencias, conocimientos, lenguajes, costumbres, atuendos, usos, sistemas de parentesco y, en resumen, todo aquello que un pueblo dice, hace, teme o adora. Esta definición no se limitaba a establecer un método para explorar la especificidad de un conglomerado humano en relación con los demás. Quería también, de entrada, abjurar del etnocentrismo prejuicioso y racista del que Occidente nunca se ha cansado de acusarse. El propósito no podía ser más generoso, pero, ya sabemos, por el famoso dicho, que el infierno está empedrado de buenas intenciones. Porque una cosa es creer que todas las culturas merecen consideración ya que en todas hay aportes positivos a la civilización humana, y otra, muy distinta, creer que todas ellas, por el mero hecho de existir, se equivalen. Y es esto último lo que asombrosamente ha llegado a ocurrir en razón de un prejuicio monumental suscitado por el deseo de abolir de una vez y para siempre todos los prejuicios en materia de cultura. La corrección política ha terminado por convencernos de que es arrogante, dogmático, colonialista y hasta racista hablar de culturas superiores e inferiores y hasta de culturas modernas y primitivas. Según esta arcangélica concepción, todas las culturas, a su modo y en su circunstancia, son iguales, expresiones equivalentes de la maravillosa diversidad humana.

Si etnólogos y antropólogos establecieron esta igualación horizontal de las culturas, diluyendo hasta la invisibilidad la acepción clásica del vocablo, los sociólogos, por su parte —o, mejor dicho, los sociólogos empeñados en hacer crítica literaria—, han llevado a cabo una revolución semántica parecida, incorporando a la idea de cultura, como parte integral de ella, a la incultura, disfrazada con el nombre de cultura popular, una forma de cultura menos refinada, artificiosa y pretenciosa que la otra, pero más libre, genuina, crítica, representativa y audaz. Diré inmediatamente que en este proceso de socavamiento de la idea tradicional de cultura han surgido libros tan sugestivos como el que Mijaíl Bajtín dedicó a *La cultura popular en la Edad Media y el Renacimiento. El contexto de François Rabelais,* en el que contrasta, con sutiles razonamientos y sabrosos ejemplos, lo que llama «cultura popular», una suerte de contrapunto, según el crítico ruso, a la cultura oficial y aristocrática. Ésta se conserva y brota en los salones, palacios, conventos y bibliotecas, en tanto que la popular nace y vive en la calle, la taberna, la fiesta, el carnaval. La cultura popular satiriza a la oficial con réplicas que, por ejemplo, desnudan y exageran lo que ésta oculta y censura como el «abajo humano», el sexo, las funciones excrementales, la grosería, y opone el rijoso «mal gusto» al supuesto «buen gusto» de las clases dominantes.

No hay que confundir la clasificación hecha por Bajtín y otros críticos literarios de estirpe sociológica —cultura oficial y cultura popular— con aquella división que desde hace mucho existe en el mundo anglosajón entre la *highbrow culture* y la *lowbrow culture:* la cultura de la ceja levantada y la de la ceja alicaída. En este último caso estamos siempre dentro de la acepción clásica de la cultura y lo que distingue a una de otra es el grado de facilidad o dificultad que ofrece al lector, oyente, espectador y simple cultor el hecho cultural. Un poeta como T. S. Eliot y un novelista como James Joyce pertenecen a la cultura de la ceja levantada en tanto que los cuentos y novelas de Ernest Hemingway o los poemas de Walt Whitman a la de la ceja alicaída, pues resultan accesibles a los lectores comunes y corrientes. En ambos casos estamos siempre dentro del dominio de la literatura a secas, sin adjetivos. Bajtín y sus seguidores (conscientes o inconscientes) hicieron algo más radical: abolieron las fronteras entre cultura e incultura y dieron a lo inculto una dignidad relevante, asegurando que lo que podía haber en este discriminado ámbito de impericia, chabacanería y dejadez estaba compensado por su vitalidad, humorismo y la manera desenfadada y auténtica con que representaba las experiencias humanas más compartidas.

De este modo han ido desapareciendo de nuestro vocabulario, ahuyentados por el miedo a incurrir en la incorrección política, los límites que mantenían separadas a la cultura de la incultura, a los seres cultos de los incultos. Hoy ya nadie es inculto o, mejor dicho, todos somos cultos. Basta abrir un periódico o una revista para encontrar, en los artículos de comentaristas y gacetilleros, innumerables referencias a la miríada de manifestaciones de esa cultura universal de la que somos todos poseedores, como por ejemplo «la cultura de la pedofilia», «la cultura de la marihuana», «la cultura punk», «la cultura de la estética nazi» y cosas por el estilo. Ahora todos somos cultos de alguna manera, aunque no hayamos leído nunca un libro, ni visitado una exposición de pintura, escuchado un concierto, ni adquirido algunas nociones básicas de los conocimientos humanísticos, científicos y tecnológicos del mundo en que vivimos.

Queríamos acabar con las elites, que nos repugnaban moralmente por el retintín privilegiado, despectivo y discriminatorio con que su solo nombre resonaba ante nuestros ideales igualitaristas y, a lo largo del tiempo, desde distintas trincheras, fuimos impugnando y deshaciendo a ese cuerpo exclusivo de pedantes que se creían superiores y se jactaban de monopolizar el saber, los valores morales, la elegancia espiritual y el buen gusto. Pero hemos conseguido una victoria pírrica, un remedio peor que la enfermedad: vivir en la confusión de un mundo en el que, paradójicamente, como ya no hay manera de saber qué cosa es cultura, todo lo es y ya nada lo es.

Sin embargo, se me objetará, nunca en la historia ha habido un cúmulo tan grande de descubrimientos científicos, realizaciones tecnológicas, ni se han editado tantos libros, abierto tantos museos ni pagado precios tan vertiginosos por las obras de artistas antiguos y modernos. ¿Cómo se puede hablar de un mundo sin cultura en una época en que las naves espaciales construidas por el hombre han llegado a las estrellas y el porcentaje de analfabetos es el más bajo de todo el acontecer humano? Todo ese progreso es cierto, pero no es obra de mujeres y hombres cultos sino de especialistas. Y entre la cultura y la especialización hay tanta distancia como entre el hombre de Cro-Magnon y los sibaritas neurasténicos de Marcel Proust. De otro lado, aunque haya hoy muchos más alfabetizados que en el pasado, éste es un asunto cuantitativo y la cultura no tiene mucho que ver con la cantidad, sólo con la cualidad. Hablamos de cosas distintas. A la extraordinaria especialización a que han llegado las ciencias se debe, sin duda, que hayamos conseguido reunir en el mundo de hoy un arsenal de armas de destrucción masiva con el que podríamos desaparecer varias veces el planeta en que vivimos y contaminar de muerte los espacios adyacentes. Se trata de una hazaña científica y tecnológica y, al mismo tiempo, una manifestación flagrante de barbarie, es decir, un hecho eminentemente anticultural si la cultura es, como creía T. S. Eliot, «todo aquello que hace de la vida algo digno de ser vivido».

La cultura es —o era, cuando existía— un denominador común, algo que mantenía viva la comunicación entre gentes muy diversas a las que el avance de los conocimientos obligaba a especializarse, es decir, a irse distanciando e incomunicando entre sí. Era, asimismo, una brújula, una guía que permitía a los seres humanos orientarse en la espesa maraña de los conocimientos sin perder la dirección y teniendo más o menos claras, en su incesante trayectoria, las prelaciones, la diferencia entre lo que es importante y lo que no lo es, entre el camino principal y las desviaciones inútiles. Nadie puede saber todo de todo —ni antes ni ahora fue posible—, pero al hombre culto la cultura le servía por lo menos para establecer jerarquías y preferencias en el campo del saber y de los valores estéticos. En la era de la especialización y el derrumbe de la cultura las jerarquías han desaparecido en una amorfa mezcolanza en la que, según el embrollo que iguala a las innumerables formas de vida bautizadas como culturas, todas las ciencias y las técnicas se justifican y equivalen, y no hay modo alguno de discernir con un mínimo de objetividad qué es bello en el arte y qué no lo es. Incluso hablar de este modo resulta ya obsoleto, pues la noción misma de belleza está tan desacreditada como la clásica idea de cultura.

El especialista ve y va lejos en su dominio particular, pero no sabe lo que ocurre a sus costados y no se distrae en averiguar los estropicios que podría causar con sus logros en otros ámbitos de la existencia, ajenos al suyo. Ese ser unidimensional puede ser, a la vez, un gran especialista y un inculto porque sus conocimientos, en vez de conectarlo con los demás, lo aíslan en una especialidad que es apenas una diminuta celda del vasto dominio del saber. La especialización, que existió desde los albores de la civilización, fue aumentando con el avance de los conocimientos, y lo que mantenía la comunicación social, esos denominadores comunes que son los pegamentos de la urdimbre social, eran las elites, las minorías cultas, que además de tender puentes e intercambios entre las diferentes provincias del saber —las ciencias, las letras, las artes y las técnicas— ejercían una influencia, religiosa o laica, pero siempre cargada de contenido moral, de modo que aquel progreso intelectual y artístico no se apartara demasiado de una cierta finalidad humana, es decir que, a la vez que garantizara mejores oportunidades y condiciones materiales de vida, significara un enriquecimiento moral para la sociedad, con la disminución de la violencia, de la injusticia, la explotación, el hambre, la enfermedad y la ignorancia.

En sus *Notas para la definición de la cultura,* T. S. Eliot sostuvo que no debe identificarse a ésta con el conocimiento —parecía estar hablando para nuestra época más que para la suya, pues entonces el problema no tenía la gravedad que ahora— porque la cultura antecede y sostiene al conocimiento, lo orienta y le imprime una funcionalidad precisa, algo así como un designio moral. Como creyente, Eliot encontraba en los valores de la religión cristiana aquel asidero del saber y la conducta humana que llamaba la cultura. Pero no creo que la fe religiosa sea el único sustento posible para que el conocimiento no se vuelva errático y autodestructivo como el que multiplica los polvorines atómicos o contamina de venenos el aire, el suelo y las aguas que nos permiten vivir. Una moral y una filosofía laicas cumplieron, desde los siglos XVIII y XIX, esta función para un amplio sector del mundo occidental. Aunque es cierto que, para un número tanto o más grande de los seres humanos, la trascendencia es una necesidad o urgencia vital de la que no puede desprenderse sin caer en la anomia o la desesperación.

Jerarquías en el amplio espectro de los saberes que forman el conocimiento, una moral todo lo comprensiva que requiere la libertad y que permita expresarse a la gran diversidad de lo humano pero firme en su rechazo de todo lo que envilece y degrada la noción básica de humanidad y amenaza la supervivencia de la especie, una elite conformada no por la razón de nacimiento ni el poder económico o político sino por el esfuerzo, el talento y la obra realizada y con autoridad moral para establecer, de manera flexible y renovable, un orden de prelación e importancia de los valores tanto en el espacio propio de las artes como en las ciencias y técnicas: eso fue la cultura en las circunstancias y sociedades más ilustradas que ha conocido la historia y lo que debería volver a ser si no queremos progresar sin rumbo, a ciegas, como autómatas, hacia nuestra propia desintegración. Sólo de este modo la vida iría siendo cada día más vivible para el mayor número en pos del siempre inalcanzable anhelo de un mundo feliz.

Sería equivocado atribuir en este proceso funciones idénticas a las ciencias y a las letras y a las artes. Precisamente el haber olvidado distinguirlas ha contribuido a la confusión que prevalece en nuestro tiempo en el campo de la cultura. Las ciencias progresan, como las técnicas, aniquilando lo viejo, anticuado y obsoleto, para ellas el pasado es un cementerio, un mundo de cosas muertas y superadas por los nuevos descubrimientos e invenciones. Las letras y las artes se renuevan pero no progresan, ellas no aniquilan su pasado, construyen sobre él, se alimentan de él y a la vez lo alimentan, de modo que a pesar de ser tan distintos y distantes, un Velázquez está tan vivo como Picasso y Cervantes sigue siendo tan actual como Borges o Faulkner.

Las ideas de especialización y progreso, inseparables de la ciencia, son írritas a las letras y a las artes, lo que no quiere decir, desde luego, que la literatura, la pintura y la música no cambien y evolucionen. Pero no se puede decir de ellas, como de la química y la alquimia, que aquélla abole a ésta y la supera. La obra literaria y artística que alcanza cierto grado de excelencia no muere con el paso del tiempo: sigue viviendo y enriqueciendo a las nuevas generaciones y evolucionando con éstas. Por eso, las letras y las artes constituyeron hasta ahora el denominador común de la cultura, el espacio en el que era posible la comunicación entre seres humanos pese a la diferencia de lenguas, tradiciones, creencias y épocas, pues quienes hoy se emocionan con Shakespeare, se ríen con Molière y se deslumbran con Rembrandt y Mozart dialogan con quienes en el pasado los leyeron, oyeron y admiraron.

Ese espacio común, que nunca se especializó, que ha estado siempre al alcance de todos, ha experimentado períodos de extrema complejidad, abstracción y hermetismo, lo que constreñía la comprensión de ciertas obras a una elite. Pero esas obras experimentales o de vanguardia, si de veras expresaban zonas inéditas de la realidad humana y creaban formas de belleza perdurable, terminaban siempre por educar a sus lectores, espectadores y oyentes integrándose de este modo al patrimonio común. La cultura puede y debe ser, también, experimento, desde luego, a condición de que las nuevas técnicas y formas que introduzca la obra amplíen el horizonte de la experiencia de la vida, revelando sus secretos más ocultos, o exponiéndonos a valores estéticos inéditos que revolucionan nuestra sensibilidad y nos dan una visión más sutil y novedosa de ese abismo sin fondo que es la condición humana.

La cultura puede ser experimento y reflexión, pensamiento y sueño, pasión y poesía y una revisión crítica constante y profunda de todas las certidumbres, convicciones, teorías y creencias. Pero ella no puede apartarse de la vida real, de la vida verdadera, de la vida vivida, que no es nunca la de los lugares comunes, la del artificio, el sofisma y el juego, sin riesgo de desintegrarse. Puedo parecer pesimista, pero mi impresión es que, con una irresponsabilidad tan grande como nuestra irreprimible vocación por el juego y la diversión, hemos hecho de la cultura uno de esos vistosos pero frágiles castillos construidos sobre la arena que se deshacen al primer golpe de viento.

Antecedentes

Piedra de Toque
La hora de los charlatanes

Aquella tarde fui al Institute of Contemporary Arts media hora antes de la conferencia que el filósofo francés daba, para echar un vistazo a la librería del ICA, que, aunque pequeñita, siempre me pareció modélica. Pero me llevé una mayúscula sorpresa porque, entre la vez anterior que estuve allí y ésta, el breve recinto había experimentado una revolución clasificatoria. A las anticuadas secciones de antaño —literatura, filosofía, arte, cine, crítica— habían reemplazado las posmodernas de teoría cultural, clase y género, raza y cultura y un estante titulado «el sujeto sexual», que me dio cierta esperanza, pero no tenía nada que ver con el erotismo, sino con la patrología filológica o machismo lingüístico.

La poesía, la novela y el teatro habían sido erradicados; la única forma creativa presente eran algunos guiones cinematográficos. En un puesto de honor figuraba un libro de Deleuze y Guattari sobre nomadología y otro, al parecer muy importante, de un grupo de psicoanalistas, juristas y sociólogos sobre la deconstrucción de la justicia. Ni uno solo de los títulos más a la vista (como El replanteamiento feminista del yo, El maricón material (The Material Queer), Ideología e identidad cultural *o* El ídolo lésbico*) me abrió el apetito, de modo que salí de allí sin comprar nada, algo que rara vez me ocurre en una librería.*

Fui a escuchar a Jean Baudrillard porque el sociólogo y filósofo francés, uno de los héroes de la posmo-

dernidad, tiene también su parte de responsabilidad en lo que está ocurriendo en nuestro tiempo con la vida de la cultura (si este apelativo tiene aún razón de ser cotejado con fenómenos como el que vive la librería del ICA londinense). Y porque quería verle la cara, después de tantos años. A fines de los cincuenta y comienzos de los sesenta ambos frecuentamos los cursos del tercer ciclo que dictaban en la Sorbona Lucien Goldmann y Roland Barthes y echamos una mano al FLN argelino, en las redes de apoyo que creó en París el filósofo Francis Jeanson. Todo el mundo sabía ya entonces que Jean Baudrillard haría una brillante carrera intelectual.

Era muy inteligente y de una soberbia desenvoltura expositiva. Entonces, parecía muy serio y no le hubiera ofendido que se lo describiera como un humanista moderno. Recuerdo haberlo oído, en un bistrot *de Saint-Michel, pulverizar con encarnizamiento y humor la tesis de Foucault sobre la inexistencia del hombre en* Les mots et les choses, *que acababa de aparecer. Tenía muy buen gusto literario y fue uno de los primeros en Francia, en esos años, en señalar el genio de Italo Calvino, en un espléndido ensayo sobre éste que le publicó Sartre en* Les Temps Modernes. *Luego, a fines de los sesenta escribió los dos libros densos, estimulantes, palabreros y sofísticos que consolidarían su prestigio, sobre* El sistema de los objetos *y* La sociedad de consumo. *A partir de entonces, y mientras su influencia se extendía por el mundo y echaba raíces firmes sobre todo en el ámbito anglosajón —la prueba: el auditorio atestado del ICA y las centenares de personas que no consiguieron entrada para oírlo—, su talento, en lo que parece ser la trayectoria fatídica de los mejores pensadores franceses de nuestros días, se fue concentrando cada vez más en una ambiciosa empresa: la demolición de lo existente y su sustitución por una verbosa irrealidad.*

Su conferencia —que comenzó citando a Jurassic Park— *me lo confirmó con creces. Sus compatriotas que lo precedieron en esta tarea de acoso y derribo eran más tímidos que él. Según Foucault el hombre no existe, pero, al menos esa inexistencia está allí, poblando la realidad con su versátil vacío. Roland Barthes sólo confería sustancia real al estilo, inflexión que cada vida animada es capaz de imprimir en el río de palabras donde, como fuego fatuo, aparece y desaparece el ser. Para Derrida la verdadera vida es la de los textos o discursos, universo de formas autosuficientes que se remiten y modifican unas a otras, sin tocar para nada a esa remota y pálida sombra del verbo que es la prescindible experiencia humana.*

Los pases mágicos de Jean Baudrillard eran todavía más definitivos. La realidad real ya no existe, ha sido reemplazada por la realidad virtual, la creada por las imágenes de la publicidad y los grandes medios audiovisuales. Hay algo que conocemos con la etiqueta de «información», pero se trata de un material que, en verdad, cumple una función esencialmente opuesta a la de informarnos sobre lo que ocurre a nuestro derredor. Él suplanta y vuelve inútil el mundo real de los hechos y las acciones objetivas: son las versiones clónicas de éstos, que llegan a nosotros a través de las pantallas de la televisión, seleccionadas y adobadas por los comentarios de esos ilusionistas que son los profesionales de los medios de comunicación, las que en nuestra época hacen las veces de lo que antes se conocía como realidad histórica, conocimiento objetivo del desenvolvimiento de la sociedad.

Las ocurrencias del mundo real ya no pueden ser objetivas; nacen socavadas en su verdad y consistencia ontológica por ese virus disolvente que es su proyección en las imágenes manipuladas y falsificadas de la realidad virtual, las únicas admisibles y comprensibles para una humanidad domesticada por la fantasía mediática dentro de la cual nacemos, vivimos y morimos (ni más ni menos que los dinosaurios de Spielberg). Además de abolir la historia, las «noticias» televisivas aniquilan también el tiempo, pues matan toda perspectiva crítica sobre lo que ocurre: ellas son simultáneas con los sucesos sobre los que supuestamente informan, y éstos no duran más que el lapso fugaz en que son enunciados, antes de desaparecer, barridos por otros que, a su vez, aniquilarán a los nuevos, en un vertiginoso proceso de desnaturalización de lo existente que ha desembocado, pura y simplemente, en su evaporación y reemplazo por la verdad de la ficción mediática, la sola realidad real de nuestra era, la era —dice Baudrillard— «de los simulacros».

Que vivimos en una época de grandes representaciones que nos dificultan la comprensión del mundo real, me parece una verdad como un templo. Pero ¿no es acaso evidente que nadie ha contribuido tanto a enturbiar nuestro entendimiento de lo que de veras está pasando en el mundo, ni siquiera las supercherías mediáticas, como ciertas teorías intelectuales que, al igual que los sabios de una de las hermosas fantasías borgianas, pretenden incrustar en la vida el juego especulativo y los sueños de la ficción?

En el ensayo que escribió demostrando que la guerra del Golfo no había sucedido —pues todo aquello que protagonizaron Saddam Hussein, Kuwait y las fuerzas aliadas no había pasado de ser una mojiganga televisiva—, Jean Baudrillard afirmó: «El escándalo, en nuestros días, no consiste en atentar contra los valores morales, sino contra el principio de realidad». Suscribo esta afirmación con todos sus puntos y comas. Al mismo tiempo, ella me dio la impresión de una involuntaria y feroz autocrítica de quien, desde hace ya buen número de años, invertía su astucia dialéctica y los poderes de su inteligencia en probarnos que el desarrollo de la tecnología audiovisual y la revolución de las comunicaciones en nuestros días habían abolido la facultad humana de discernir entre la verdad y la mentira, la historia y la ficción, y hecho de nosotros, los bípedos de carne y hueso extraviados en el laberinto mediático de nuestro tiempo, meros fantasmas automáticos, piezas de mecano privadas de libertad y de conocimiento, condenados a extinguirnos sin haber siquiera vivido.

Al terminar su conferencia, no me acerqué a saludarlo ni a recordarle los tiempos idos de nuestra juventud, cuando las ideas y los libros nos exaltaban y él aún creía que existíamos.

El País, *Madrid, 24 de agosto de 1997*

III. Prohibido prohibir

Hace ya de esto algunos años vi en París, en la televisión francesa, un documental que se me quedó grabado en la memoria y cuyas imágenes, de tanto en tanto, los sucesos cotidianos actualizan con restallante vigencia, sobre todo cuando se habla del problema cultural mayor de nuestro tiempo: la educación.

El documental describía la problemática de un liceo en las afueras de París, uno de esos barrios donde familias francesas empobrecidas se codean con inmigrantes de origen subsahariano, latinoamericano y árabes del Magreb. Este colegio secundario público, cuyos alumnos, de ambos sexos, constituían un arco iris de razas, lenguas, costumbres y religiones, había sido escenario de violencias: golpizas a profesores, violaciones en los baños o corredores, enfrentamientos entre pandillas a navajazos y palazos y, si mal no recuerdo, hasta tiroteos. No sé si de todo ello había resultado algún muerto, pero sí algunos heridos, y en los registros al local la policía había incautado armas, drogas y alcohol.

El documental no quería ser alarmista, sino tranquilizador, mostrar que lo peor había ya pasado y que, con la buena voluntad de autoridades, profesores, padres de familia y alumnos, las aguas se estaban sosegando. Por ejemplo, con inocultable satisfacción, el director señalaba que gracias al detector de metales recién instalado, por el cual debían pasar ahora los estudiantes al ingresar al colegio, se decomisaban las manoplas, cuchillos y otras armas punzocortantes. De este modo, los hechos de sangre se habían reducido de manera drástica. Se habían dictado disposiciones para que ni profesores ni alumnos circularan solos, ni siquiera a los baños, siempre al menos en grupos de dos. De este modo se evitaban asaltos y emboscadas. Y, ahora, el colegio tenía dos psicólogos permanentes para dar consejo a los alumnos y alumnas —casi siempre huérfanos, semihuérfanos, y de familias fracturadas por la desocupación, la promiscuidad, la delincuencia y la violencia de género— inadaptables o pendencieros recalcitrantes.

Lo que más me impresionó en el documental fue la entrevista a una profesora que afirmaba, con naturalidad, algo así como: «*Tout va bien, maintenant, mais il faut se débrouiller*» («Ahora todo anda bien, pero hay que saber arreglárselas»). Explicaba que, a fin de evitar los asaltos y palizas de antaño, ella y un grupo de profesores se habían puesto de acuerdo para encontrarse a una hora justa en la boca del metro más cercano y caminar juntos hasta el colegio. De este modo el riesgo de ser agredidos por los *voyous* (golfos) disminuía. Aquella profesora y sus colegas, que iban diariamente a su trabajo como quien va al infierno, se habían resignado, aprendido a sobrevivir y no parecían imaginar siquiera que ejercer la docencia pudiera ser algo distinto a su vía crucis cotidiano.

En esos días terminaba yo de leer uno de los amenos y sofísticos ensayos de Michel Foucault en el que, con su brillantez habitual, el filósofo francés sostenía que, al igual que la sexualidad, la psiquiatría, la religión, la justicia y el lenguaje, la enseñanza había sido siempre, en el mundo occidental, una de esas «estructuras de poder» erigidas para reprimir y domesticar al cuerpo social, instalando sutiles pero muy eficaces formas de sometimiento y enajenación a fin de garantizar la perpetuación de los privilegios y el control del poder de los grupos sociales dominantes. Bueno, por lo menos en el campo de la enseñanza, a partir de 1968 la autoridad castradora de los instintos libertarios de los jóvenes había volado en pedazos. Pero, a juzgar por aquel documental, que hubiera podido ser filmado en otros muchos lugares de Francia y de toda Europa, el desplome y desprestigio de la idea misma del docente y la docencia —y, en última instancia, de cualquier forma de autoridad— no parecían haber traído la liberación creativa del espíritu juvenil, sino, más bien, convertido a los colegios así liberados, en el mejor de los casos, en instituciones caóticas, y, en el peor, en pequeñas satrapías de matones y precoces delincuentes.

Es evidente que Mayo del 68 no acabó con la «autoridad», que ya venía sufriendo hacía tiempo un proceso de debilitamiento generalizado en todos los órdenes, desde el político hasta el cultural, sobre todo en el campo de la educación. Pero la revolución de los niños bien, la flor y nata de las clases burguesas y privilegiadas de Francia, quienes fueron los protagonistas de aquel divertido carnaval que proclamó como uno de los lemas del movimiento «¡Prohibido prohibir!», extendió al concepto de autoridad su partida de defunción. Y dio legitimidad y *glamour* a la idea de que toda autoridad es sospechosa, perniciosa y deleznable y que el ideal libertario más noble es desconocerla, negarla y destruirla. El poder no se vio afectado en lo más mínimo con este desplante simbólico de los jóvenes rebeldes que, sin saberlo la inmensa mayoría de ellos, llevaron a las barricadas los ideales iconoclastas de pensadores como Foucault. Baste recordar que en las primeras elecciones celebradas en Francia después de Mayo del 68, la derecha gaullista obtuvo una rotunda victoria.

Pero la autoridad, en el sentido romano de *auctoritas,* no de poder sino, como define en su tercera acepción el *Diccionario* de la RAE, de «prestigio y crédito que se reconoce a una persona o institución por su legitimidad o por su calidad y competencia en alguna materia», no volvió a levantar cabeza. Desde entonces, tanto en Europa como en buena parte del resto del mundo, son prácticamente inexistentes las figuras políticas y culturales que ejercen aquel magisterio, moral e intelectual al mismo tiempo, de la «autoridad» clásica y que encarnaban a nivel popular los maestros, palabra que entonces sonaba tan bien porque se asociaba al saber y al idealismo. En ningún campo ha sido esto tan catastrófico para la cultura como en la educación. El maestro, despojado de credibilidad y autoridad, convertido en muchos casos, desde la perspectiva progresista, en representante del poder represivo, es decir en el enemigo al que, para alcanzar la libertad y la dignidad humana, había que resistir e, incluso, abatir, no sólo perdió la confianza y el respeto sin los cuales era imposible que cumpliera eficazmente su función de educador —de transmisor tanto de valores como de conocimientos— ante sus alumnos, sino también el de los propios padres de familia y de filósofos revolucionarios que, a la manera del autor de *Vigilar y castigar,* personificaron en él uno de esos siniestros instrumentos de los que —al igual que los guardianes de las cárceles y los psiquiatras de los manicomios— se vale el *establishment* para embridar el espíritu crítico y la sana rebeldía de niños y adolescentes.

Muchos maestros, de muy buena fe, se creyeron esta satanización de sí mismos y contribuyeron, echando baldazos de aceite a la hoguera, a agravar el estropicio haciendo suyas algunas de las más disparatadas secuelas de la ideología de Mayo del 68 en lo relativo a la educación, como considerar aberrante desaprobar a los malos alumnos, hacerlos repetir el curso, e, incluso, poner calificaciones y establecer un orden de prelación en el rendimiento académico de los estudiantes, pues, haciendo semejantes distingos, se propagaría la nefasta noción de jerarquías, el egoísmo, el individualismo, la negación de la igualdad y el racismo. Es verdad que estos extremos no han llegado a afectar a todos los sectores de la vida escolar, pero una de las perversas consecuencias del triunfo de las ideas —de las diatribas y fantasías— de Mayo del 68 ha sido que a raíz de ello se ha acentuado brutalmente la división de clases a partir de las aulas escolares.

La civilización posmoderna ha desarmado moral y políticamente a la cultura de nuestro tiempo y ello explica en buena parte que algunos de los «monstruos» que creíamos extinguidos para siempre luego de la Segunda Guerra Mundial, como el nacionalismo más extremista y el racismo, hayan resucitado y merodeen de nuevo en el corazón mismo de Occidente, amenazando una vez más sus valores y principios democráticos.

La enseñanza pública fue uno de los grandes logros de la Francia democrática, republicana y laica. En sus escuelas y colegios, de muy alto nivel, las oleadas de alumnos gozaban de una igualdad de oportunidades que corregía, en cada nueva generación, las asimetrías y privilegios de familia y clase, abriendo a los niños y jóvenes de los sectores más desfavorecidos el camino del progreso, del éxito profesional y del poder político. La escuela pública era un poderoso instrumento de movilidad social.

El empobrecimiento y desorden que ha padecido la enseñanza pública, tanto en Francia como en el resto del mundo, ha dado a la enseñanza privada, a la que por razones económicas tiene acceso sólo un sector social minoritario de altos ingresos, y que ha sufrido menos los estragos de la supuesta revolución libertaria, un papel preponderante en la forja de los dirigentes políticos, profesionales y culturales de hoy y del futuro. Nunca fue tan cierto aquello de «nadie sabe para quién trabaja». Creyendo hacerlo para construir un mundo de veras libre, sin represión, ni enajenación ni autoritarismo, los filósofos libertarios como Michel Foucault y sus inconscientes discípulos obraron muy acertadamente para que, gracias a la gran revolución educativa que propiciaron, los pobres siguieran pobres, los ricos ricos, y los inveterados dueños del poder siempre con el látigo en las manos.

No es arbitrario citar el caso paradójico de Michel Foucault. Sus intenciones críticas eran serias y su ideal libertario innegable. Su repulsa de la cultura occidental —la que, con todas sus limitaciones y extravíos, ha hecho progresar más la libertad, la democracia y los derechos humanos en la historia— lo indujo a creer que era más factible encontrar la emancipación moral y política apedreando policías, frecuentando los baños gays de San Francisco o los clubes sadomasoquistas de París, que en las aulas escolares o las ánforas electorales. Y, en su paranoica denuncia de las estratagemas de que, según él, se valía el poder para someter a la opinión pública a sus dictados, negó hasta el final la realidad del sida —la enfermedad que lo mató— como un embauque más del *establishment* y sus agentes científicos para aterrar a los ciudadanos imponiéndoles la represión sexual. Su caso es paradigmático: el más inteligente pensador de su generación tuvo siempre, junto a la seriedad con que emprendió sus investigaciones en distintos campos del saber —la historia, la psiquiatría, el arte, la sociología, el erotismo y, claro está, la filosofía—, una vocación iconoclasta y provocadora —en su primer ensayo había pretendido demostrar que «el hombre no existe»— que a ratos se volvía mero desplante intelectual, gesto desprovisto de seriedad. También en esto Foucault no estuvo solo, hizo suyo un mandato generacional que marcaría a fuego la cultura de su tiempo: una propensión hacia el sofisma y el artificio intelectual.

Es otra de las razones de la pérdida de «autoridad» de muchos pensadores de nuestro tiempo: no eran serios, jugaban con las ideas y las teorías como los malabaristas de los circos con los pañuelos y palitroques, que divierten y hasta maravillan pero no convencen. En el campo de la cultura, llegaron a producir una curiosa inversión de valores: la teoría, es decir la interpretación, llegó a sustituir a la obra de arte, a convertirse en su razón de ser. El crítico importaba más que el artista, era el verdadero creador. La teoría justificaba la obra de arte, ésta existía para ser interpretada por el crítico, era algo así como una hipóstasis de la teoría. Este endiosamiento de la crítica tuvo el paradójico efecto de ir separando cada vez más a la crítica cultural del gran público, incluso del público culto pero no especializado, y ha sido uno de los factores más eficaces de la frivolización de la cultura de nuestro tiempo. Aquellos teóricos exponían a menudo sus teorías en una jerga esotérica, pretenciosa y muchas veces hueca y desprovista de originalidad y profundidad, tanto que hasta el propio Foucault, quien alguna vez incurrió también en ella, la llamó «oscurantismo terrorista».

Pero el delirio del contenido de ciertas teorías posmodernas —el deconstruccionismo, en especial— era a veces más grave que la tiniebla de la forma. La tesis compartida por casi todos los filósofos posmodernos, pero expuesta principalmente por Jacques Derrida, sostenía que es falsa la creencia según la cual el lenguaje expresa la realidad. En verdad, las palabras se expresan a sí mismas, dan «versiones», máscaras, disfraces de la realidad, y por eso la literatura, en vez de describir el mundo, sólo se describe a sí misma, es una sucesión de imágenes que documentan las distintas lecturas de la realidad que dan los libros, usando esa materia subjetiva y engañosa que es siempre el lenguaje.

Los deconstruccionistas subvierten de este modo nuestra confianza en toda verdad, en creer que existan verdades lógicas, éticas, culturales o políticas. En última instancia nada existe fuera del lenguaje, que es quien construye el mundo que creemos conocer y que es nada más que una ficción manufacturada por las palabras. De ahí sólo había un pequeño paso que dar para sostener, como lo hizo Roland Barthes, que «todo lenguaje es fascista».

El realismo no existe ni ha existido jamás según los deconstruccionistas, por la sencilla razón de que la realidad tampoco existe para el conocimiento, ella no es más que una maraña de discursos que, en vez de expresarla, la ocultan o disuelven en un tejido escurridizo e inaprensible de contradicciones y versiones que se relativizan y niegan unas a otras. ¿Qué existe, entonces? Los discursos, la única realidad aprehensible para la conciencia humana, discursos que remiten unos a otros, mediaciones de una vida o una realidad que sólo pueden llegar a nosotros a través de esas metáforas o retóricas de las que la literatura es el máximo prototipo. Según Foucault, el poder utiliza estos lenguajes para controlar a la sociedad y atajar en embrión cualquier intento de socavar los privilegios del sector dominante al que aquel poder sirve y representa. Ésta es quizás una de las tesis más controvertibles del posmodernismo. Porque, en verdad, la tradición más viva y creadora de la cultura occidental no ha sido nada conformista, sino precisamente lo contrario: un cuestionamiento incesante de todo lo existente. Ella ha sido, más bien, inconforme, crítica tenaz de lo establecido, y, de Sócrates a Marx, de Platón a Freud, pasando por pensadores y escritores como Shakespeare, Kant, Dostoyevski, Joyce, Nietzsche, Kafka, ha elaborado a lo largo de la historia mundos artísticos y sistemas de ideas que se oponían radicalmente a todos los poderes entronizados. Si sólo fuéramos los lenguajes que impone sobre nosotros el poder nunca hubiera nacido la libertad ni hubiera habido evolución histórica y la originalidad literaria y artística jamás hubiera brotado.

No han faltado por supuesto reacciones críticas a las falacias y excesos intelectuales del posmodernismo. Por ejemplo, su tendencia a protegerse y ganar para sus teorías una cierta invulnerabilidad utilizando el lenguaje de la ciencia sufrió un duro revés cuando dos científicos de verdad, los profesores Alan Sokal y Jean Bricmont, publicaron en 1998 *Imposturas intelectuales,* una contundente demostración del uso irresponsable, inexacto y a menudo cínicamente fraudulento de las ciencias que hacían en sus ensayos filósofos y pensadores tan prestigiados como Jacques Lacan, Julia Kristeva, Luce Irigaray, Bruno Latour, Jean Baudrillard, Gilles Deleuze, Félix Guattari y Paul Virilio entre otros. Habría que recordar que años antes —en 1957—, en su primer libro, *Pourquoi des philosophes?,* Jean-François Revel había denunciado con virulencia el empleo de estilos abstrusos y falazmente científicos por los pensadores más influyentes de su época para ocultar la insignificancia de sus teorías o su propia ignorancia.

Otra crítica severa de las teorías y tesis de la moda posmoderna fue Gertrude Himmelfarb, que, en una polémica colección de ensayos titulada *On Looking Into the Abyss* [Mirando el abismo] (Nueva York, Alfred A. Knopf, 1994), arremetió contra aquéllas y, sobre todo, contra el estructuralismo de Michel Foucault y el deconstruccionismo de Jacques Derrida y Paul de Man, corrientes de pensamiento que le parecían vacuas comparadas con las escuelas tradicionales de crítica literaria e histórica.

Su libro es también un homenaje a Lionel Trilling, el autor de *La imaginación liberal* (1950) y muchos otros ensayos sobre la cultura que tuvieron gran influencia en la vida intelectual y académica de la posguerra en Estados Unidos y Europa y al que hoy pocos recuerdan y ya casi nadie lee. Trilling no era un liberal en lo económico (en este dominio abrigaba más bien tesis socialdemócratas), pero sí en lo político, por su defensa pertinaz de la virtud para él suprema de la tolerancia, de la ley como instrumento de la justicia, y sobre todo en lo cultural, con su fe en las ideas como motor del progreso y su convicción de que las grandes obras literarias enriquecen la vida, mejoran a los hombres y son el sustento de la civilización.

Para un posmoderno estas creencias resultan de una ingenuidad arcangélica o de una estupidez supina, al extremo de que nadie se toma siquiera el trabajo de refutarlas. La profesora Himmelfarb muestra cómo, pese a los pocos años que separan a la generación de un Lionel Trilling de las de un Derrida o un Foucault, hay un verdadero abismo infranqueable entre aquél, convencido de que la historia humana es una sola, el conocimiento una empresa totalizadora, el progreso una realidad posible y la literatura una actividad de la imaginación con raíces en la historia y proyecciones en la moral, y quienes han relativizado las nociones de verdad y de valor hasta volverlas ficciones, entronizando como axioma que todas las culturas se equivalen, disociando la literatura de la realidad y confinándola en un mundo autónomo de textos que remiten a otros textos sin relacionarse jamás con la experiencia vivida.

No comparto la devaluación que Gertrude Himmelfarb hace de Foucault. Con todos los sofismas y exageraciones que puedan reprochársele, por ejemplo sus teorías sobre las «estructuras de poder» implícitas en todo lenguaje, el que, según el filósofo francés, transmitiría siempre las palabras e ideas que privilegian a los grupos sociales hegemónicos, Foucault ha contribuido de manera decisiva a dar a ciertas experiencias marginales y excéntricas (de la sexualidad, de la represión social, de la locura) un derecho de ciudad en la vida cultural. Pero las críticas de Himmelfarb a los estragos que la deconstrucción ha causado en el dominio de las humanidades me parecen irrefutables. A los deconstruccionistas debemos, por ejemplo, que en nuestros días sea ya poco menos que inconcebible hablar de humanidades, para ellos un síntoma de apolillamiento intelectual y de ceguera científica.

Cada vez que me he enfrentado a la prosa oscurantista y a los asfixiantes análisis literarios o filosóficos de Jacques Derrida he tenido la sensación de perder miserablemente el tiempo. No porque crea que todo ensayo de crítica deba ser útil —si es divertido o estimulante me basta— sino porque si la literatura es lo que él supone —una sucesión o archipiélago de textos autónomos, impermeabilizados, sin contacto posible con la realidad exterior y por lo tanto inmunes a toda valoración y a toda interrelación con el desenvolvimiento de la sociedad y el comportamiento individual—, ¿cuál es la razón de deconstruirlos? ¿Para qué esos laboriosos esfuerzos de erudición, de arqueología retórica, esas arduas genealogías lingüísticas, aproximando o alejando un texto de otro hasta constituir esas artificiosas deconstrucciones intelectuales que son como vacíos animados? Hay una incongruencia absoluta en una tarea crítica que comienza por proclamar la ineptitud esencial de la literatura para influir sobre la vida (o para ser influida por ella) y para transmitir verdades de cualquier índole asociables a la problemática humana, que, luego, se vuelca tan afanosamente a desmenuzar, a menudo con alardes intelectuales de inaguantable pretensión, esos monumentos de palabras inútiles. Cuando los teólogos medievales discutían sobre el sexo de los ángeles no perdían el tiempo: por trivial que pareciera, esta cuestión se vinculaba de algún modo para ellos con asuntos tan graves como la salvación o la condena eternas. Pero, desmontar unos objetos verbales cuyo ensamblaje se considera, en el mejor de los casos, una intensa nadería formal, una gratuidad verbosa y narcisista que nada enseña sobre nada que no sea ella misma y que carece de moral, es hacer de la crítica literaria un quehacer gratuito y solipsista.

No es de extrañar que, luego de la influencia que ha ejercido la deconstrucción en tantas universidades occidentales (y, de manera especial, en los Estados Unidos), los departamentos de literatura se vayan quedando vacíos de alumnos, se filtren en ellos tantos embaucadores, y que haya cada vez menos lectores no especializados para los libros de crítica literaria (a los que hay que buscar con lupa en las librerías y donde no es raro encontrarlos, en rincones legañosos, entre manuales de judo y karate u horóscopos chinos).

Para la generación de Lionel Trilling, en cambio, la crítica literaria tenía que ver con las cuestiones centrales del quehacer humano, pues ella veía en la literatura el testimonio por excelencia de las ideas, los mitos, las creencias y los sueños que hacen funcionar a la sociedad y de las secretas frustraciones o estímulos que explican la conducta individual. Su fe en los poderes de la literatura sobre la vida era tan grande que, en uno de los ensayos de *La imaginación liberal,* Trilling se preguntaba si la mera enseñanza de la literatura no era ya, en sí, una manera de desnaturalizar el objeto del estudio. Su argumento se resumía en esta anécdota: «Les he pedido a mis estudiantes que "miren el abismo" (las obras de un Eliot, un Yeats, un Joyce, un Proust) y ellos, obedientes, lo han hecho, tomado sus notas, y luego comentado: muy interesante, ¿no?». En otras palabras, la academia congelaba, superficializaba y volvía saber abstracto la trágica y revulsiva humanidad contenida en aquellas obras de imaginación, privándolas de su poderosa fuerza vital, de su capacidad para revolucionar la vida del lector. La profesora Himmelfarb advierte con melancolía toda el agua que ha corrido desde que Lionel Trilling expresaba estos escrúpulos de que al convertirse en materia de estudio la literatura fuera despojada de su alma y de su poderío, hasta la alegre ligereza con que un Paul de Man podía veinte años más tarde valerse de la crítica literaria para deconstruir el Holocausto, en una operación intelectual no muy distante de la de los historiadores revisionistas empeñados en negar el exterminio de seis millones de judíos por los nazis.

Ese ensayo de Lionel Trilling sobre la enseñanza de la literatura yo lo he releído varias veces, sobre todo cuando me ha tocado hacer de profesor. Es verdad que hay algo engañoso y paradojal en reducir a una exposición pedagógica, de aire inevitablemente esquemático e impersonal —y a deberes escolares que, para colmo, hay que calificar—, unas obras de imaginación que nacieron de experiencias profundas y, a veces, desgarradoras, de verdaderas inmolaciones humanas, y cuya auténtica valoración sólo puede hacerse, no desde la tribuna de un auditorio, sino en la reconcentrada intimidad de la lectura y medirse cabalmente por los efectos y repercusiones que ellas tienen en la vida privada del lector.

Yo no recuerdo que alguno de mis profesores de literatura me hiciera sentir que un buen libro nos acerca al abismo de la experiencia humana y a sus efervescentes misterios. Los críticos literarios, en cambio, sí. Recuerdo sobre todo a uno, de la misma generación de Lionel Trilling y que para mí tuvo un efecto parecido al que ejerció éste sobre Gertrude Himmelfarb, contagiándome su convicción de que lo peor y lo mejor de la aventura humana pasaba siempre por los libros y de que ellos ayudaban a vivir. Me refiero a Edmund Wilson, cuyo extraordinario ensayo sobre la evolución de las ideas y la literatura socialistas, desde que Michelet descubrió a Vico hasta la llegada de Lenin a San Petersburgo, *Hacia la estación de Finlandia,* cayó en mis manos en mi época de estudiante. En esas páginas de estilo diáfano pensar, imaginar e inventar valiéndose de la pluma era una forma magnífica de actuar y de imprimir una marca en la historia; en cada capítulo se comprobaba que las grandes convulsiones sociales o los menudos destinos individuales estaban visceralmente articulados con el impalpable mundo de las ideas y de las ficciones literarias.

Edmund Wilson no tuvo el dilema pedagógico de Lionel Trilling en lo que concierne a la literatura pues nunca quiso ser profesor universitario. En verdad, ejerció un magisterio mucho más amplio del que acotan los recintos académicos. Sus artículos y reseñas se publicaban en revistas y periódicos (algo que un crítico deconstruccionista consideraría una forma extrema de degradación intelectual) y algunos de sus libros —como el que escribió sobre los manuscritos hallados en el Mar Muerto— fueron reportajes para *The New Yorker.* Pero el escribir para el gran público profano no le restó rigor ni osadía intelectual; más bien lo obligó a tratar de ser siempre responsable e inteligible a la hora de escribir.

Responsabilidad e inteligibilidad van parejas con una cierta concepción de la crítica literaria, con el convencimiento de que el ámbito de la literatura abarca toda la experiencia humana, pues la refleja y contribuye decisivamente a modelarla, y de que, por lo mismo, ella debería ser patrimonio de todos, una actividad que se alimenta en el fondo común de la especie y a la que se puede recurrir incesantemente en busca de un orden cuando parecemos sumidos en el caos, de aliento en momentos de desánimo y de dudas e incertidumbres cuando la realidad que nos rodea parece excesivamente segura y confiable. A la inversa, si se piensa que la función de la literatura es sólo contribuir a la inflación retórica de un dominio especializado del conocimiento, y que los poemas, las novelas, los dramas proliferan con el único objeto de producir ciertos desordenamientos formales en el cuerpo lingüístico, el crítico puede, a la manera de tantos posmodernos, entregarse impunemente a los placeres del desatino conceptual y la tiniebla expresiva.

Antecedentes

Piedra de Toque
El velo islámico

En el otoño de 1987, unas alumnas del colegio francés Gabriel Havez, en la localidad de Creil, se presentaron a clases tocadas con el velo islámico y la dirección del establecimiento les prohibió el ingreso, recordando a las niñas musulmanas el carácter laico de la enseñanza pública en Francia. Desde entonces hay abierto en ese país un intenso debate sobre el tema, que acaba de actualizarse con el anuncio de que el primer ministro Jean-Pierre Raffarin se propone presentar al Parlamento un proyecto que dé fuerza de ley a la prohibición de llevar en las escuelas del Estado atuendos o signos religiosos y políticos de carácter «ostensible y proselitista».

En el debate de ideas sobre los asuntos cívicos, Francia sigue siendo una sociedad modélica: en la semana que acabo de pasar en París he seguido, fascinado, la estimulante controversia. El asunto en cuestión ha dividido de manera transversal al medio intelectual y político, de modo que entre partidarios y adversarios de prohibir el velo islámico en los colegios, se encuentran mezclados intelectuales y políticos de la izquierda y la derecha, una prueba más de la creciente inanidad de aquellas rígidas categorías para entender las opciones ideológicas en el siglo XXI. El presidente Jacques Chirac disiente en este conflicto de su Primer Ministro, y, en cambio, coinciden con éste socialistas de la oposición al gobierno como los ex ministros Jack Lang y Laurent

Fabius. No se necesita ser demasiado zahorí para entender que el velo islámico es apenas la punta de un iceberg y que lo que está en juego, en este debate, son dos maneras distintas de entender los derechos humanos y el funcionamiento de una democracia.

De entrada, parecería que, desde una perspectiva liberal —que es la de quien esto escribe—, no puede caber la menor duda. El respeto a los derechos individuales exige que una persona, niño o adulto, pueda vestirse como quiera sin que el Estado se inmiscuya en su decisión, y ésta es la política que, por ejemplo, se aplica en el Reino Unido, donde, en los barrios periféricos de Londres, muchedumbres de niñas musulmanas van a las aulas escolares veladas de pies a cabeza, como en Riad o Amán. Si toda la educación escolar estuviera privatizada, el problema ni siquiera se suscitaría: cada grupo o comunidad organizaría sus escuelas de acuerdo a su propio criterio y reglas, limitándose a ceñirse a ciertas disposiciones generales del Estado sobre el programa académico. Pero esto no ocurre ni va a ocurrir en sociedad alguna en un futuro previsible.

Por eso, el asunto del velo islámico no es tan simple si se lo examina más de cerca y en el marco de las instituciones que garantizan el Estado de derecho, el pluralismo y la libertad.

Requisito primero e irrevocable de una sociedad democrática es el carácter laico del Estado, su total independencia frente a las instituciones eclesiásticas, única manera que tiene de garantizar la vigencia del interés común por sobre los intereses particulares, y la libertad absoluta de creencias y prácticas religiosas a los ciudadanos sin privilegios ni discriminaciones de ningún orden. Una de las más grandes conquistas de la modernidad, en la que Francia estuvo a la vanguardia de la civilización *y sirvió de modelo a las demás sociedades democráticas del mundo entero, fue el laicismo. Cuando, en el siglo XIX, se estableció allí la escuela pública laica se dio un paso formidable hacia la creación de una sociedad abierta, estimulante para la investigación científica y la creatividad artística, para la coexistencia plural de ideas, sistemas filosóficos, corrientes estéticas, desarrollo del espíritu crítico, y también, cómo no, de un espiritualismo profundo. Porque es un gran error creer que un Estado neutral en materia religiosa y una escuela pública laica atentan contra la supervivencia de la religión en la sociedad civil. La verdad es más bien la contraria y lo demuestra precisamente Francia, un país donde el porcentaje de creyentes y practicantes religiosos —cristianos en su inmensa mayoría, claro está— es uno de los más elevados del mundo. Un Estado laico no es enemigo de la religión; es un Estado que, para resguardar la libertad de los ciudadanos, ha desviado la práctica religiosa de la esfera pública al ámbito que le corresponde, que es el de la vida privada. Porque cuando la religión y el Estado se confunden, irremisiblemente desaparece la libertad; por el contrario, cuando se mantienen separados, la religión tiende de manera gradual e inevitable a democratizarse, es decir, cada iglesia aprende a coexistir con otras iglesias y otras maneras de creer, y a tolerar a los agnósticos y a los ateos. Ese proceso de secularización es el que ha hecho posible la democracia. A diferencia del cristianismo, el islam no lo ha experimentado de manera integral, sólo de modo larval y transitorio, y ésa es una de las razones por las que la cultura de la libertad encuentra tantas dificultades para echar raíces en los países islámicos, donde el Estado es concebido no como un contrapeso de la fe, sino como su servidor y, a menudo, su espada flamígera. Y en una sociedad donde la ley sea la* sharia, *la libertad y los derechos individuales se eclipsan ni más ni menos que desaparecían en los ergástulos de la Inquisición.*

Las niñas a las que sus familias y comunidades envían ornadas del velo islámico a las escuelas públicas de Francia son algo más de lo que a simple vista parecen; es decir, son la avanzadilla de una campaña emprendida por los sectores más militantes del integrismo musulmán en Francia, que buscan conquistar una cabecera de playa no sólo en el sistema educativo sino en todas las instituciones de la sociedad civil francesa. Su objetivo es que se les reconozca su derecho a la diferencia, en otras palabras, a gozar, en aquellos espacios públicos, de una extraterritorialidad cívica compatible con lo que aquellos sectores proclaman es su identidad cultural, sustentada en sus creencias y prácticas religiosas. Este proceso cultural y político que se esconde detrás de las amables apelaciones de comunitarismo o multiculturalismo con que lo defienden sus mentores, es uno de los más potentes desafíos a los que se enfrenta la cultura de la libertad en nuestros días, y, a mi juicio, ésa es la batalla que en el fondo ha comenzado a librarse en Francia detrás de las escaramuzas y encontrones de apariencia superficial y anecdótica entre partidarios y adversarios de que se autorice llevar el velo islámico a las niñas musulmanas en los colegios públicos de Francia.

Hay por lo menos tres millones de musulmanes radicados en territorio francés (algunos dicen que muchos más, considerando a los ilegales). Y, entre ellos, desde luego, sectores modernos y de clara filiación democrática, como el que representa el rector de la mezquita de París, Dalil Boubakeur, con quien coincidí hace algunos meses en Lisboa, en una conferencia organizada por la Fundación Gulbenkian, y cuya civilidad, amplia cultura y espíritu tolerante me impresionaron. Pero, por desgracia, esa corriente moderna y abierta acaba de ser derrotada en las recientes elecciones para elegir el Consejo para el Culto Musulmán y los Consejos Regionales, por los sectores radicales y próximos al integrismo más militante, agrupados en la Unión de Organizaciones Islámicas de Francia (UOIF), una de las instituciones que más ha batallado para que se reconozca a las niñas musulmanas el derecho de asistir veladas a las clases, por «respeto a su identidad y a su cultura». Este argumento, llevado a sus extremos, no tiene fin. O, mejor dicho, si se acepta, crea unos poderosos precedentes para aceptar también otros rasgos y prácticas tan ficticiamente «esenciales» a la cultura propia como los matrimonios de las jóvenes negociados por los padres, la poligamia y, al extremo, hasta la ablación femenina. Este oscurantismo se disfraza con un discurso de alardes progresistas: ¿con qué derecho quiere el etnocentrismo colonialista de los franceses de viejo cuño imponer a los franceses recientísimos de religión musulmana costumbres y procederes que son írritos a su tradición, a su moral y a su religión? Adobada de desplantes supuestamente pluralistas, la Edad Media podría así resucitar e instalar un enclave anacrónico, inhumano y fanático en la sociedad que proclamó, la primera en el mundo, los Derechos del Hombre. Este razonamiento aberrante y demagógico debe ser denunciado con energía, como lo que es: un gravísimo peligro para el futuro de la libertad.

La inmigración provoca en nuestro tiempo una alarma exagerada en muchos países europeos, entre ellos Francia, donde este miedo explica en buena parte el elevadísimo número de votos que alcanzó, en la primera vuelta de las elecciones presidenciales pasadas, el Front National, movimiento xenófobo y neofascista que lidera

Le Pen. Esos temores son absurdos e injustificados, pues la inmigración es absolutamente indispensable para que las economías de los países europeos, de demografía estancada o decreciente, sigan creciendo y los actuales niveles de vida de la población se mantengan o eleven. La inmigración, por eso, en vez del íncubo que habita las pesadillas de tantos europeos, debe ser entendida como una inyección de energía y de fuerza laboral y creativa a la que los países occidentales deben abrir sus puertas de par en par y obrar por la integración del inmigrante. Pero, eso sí, sin que por ello la más admirable conquista de los países europeos, que es la cultura democrática, se vea mellada, sino que, por el contrario, se renueve y enriquezca con la adopción de esos nuevos ciudadanos. Es obvio que son éstos quienes tienen que adaptarse a las instituciones de la libertad, y no éstas renunciar a sí mismas para acomodarse a prácticas o tradiciones incompatibles con ellas. En esto, no puede ni debe haber concesión alguna, en nombre de las falacias de un comunitarismo o multiculturalismo pésimamente entendidos. Todas las culturas, creencias y costumbres deben tener cabida en una sociedad abierta, siempre y cuando no entren en colisión frontal con aquellos derechos humanos y principios de tolerancia y libertad que constituyen la esencia de la democracia. Los derechos humanos y las libertades públicas y privadas que garantiza una sociedad democrática establecen un amplísimo abanico de posibilidades de vida que permiten la coexistencia en su seno de todas las religiones y creencias, pero éstas, en muchos casos, como ocurrió con el cristianismo, deberán renunciar a los maximalismos de su doctrina —el monopolio, la exclusión del otro y prácticas discriminatorias y lesivas a los derechos humanos— para ganar el derecho de ciudad en una sociedad abierta. Tienen razón Alain

Finkielkraut, Élisabeth Badinter, Régis Debray, Jean-François Revel y quienes están con ellos en esta polémica: el velo islámico debe ser prohibido en las escuelas públicas francesas en nombre de la libertad.

El País, *Madrid, junio de 2003*

IV. La desaparición del erotismo

Lo que ha ocurrido con las artes y las letras y, en general, con toda la vida intelectual, ha sucedido también con el sexo. La civilización del espectáculo no sólo ha dado el puntillazo a la vieja cultura; asimismo está destruyendo una de sus manifestaciones y logros más excelsos: el erotismo.

Un ejemplo, entre mil.

A finales de 2009 hubo un pequeño alboroto mediático en España al descubrirse que la Junta de Extremadura, en manos de los socialistas, había organizado, dentro de su plan de educación sexual de los escolares, unos talleres de masturbación para niños y niñas a partir de los catorce años, campaña a la que bautizó, no sin picardía, *El placer está en tus manos*.

Ante las protestas de algunos contribuyentes de que se invirtiera de este modo el dinero de los impuestos, los voceros de la Junta alegaron que la educación sexual de los niños era indispensable para «prevenir embarazos no deseados» y que las clases de masturbación servirían para «evitar males mayores». En la polémica que el asunto provocó, la Junta de Extremadura recibió las felicitaciones y el apoyo de la Junta de Andalucía, cuya Consejera de Igualdad y Bienestar Social, Micaela Navarro, anunció que en Andalucía comenzaría en breve una campaña similar a la extremeña. De otro lado, un intento de acabar con los talleres de masturbación mediante una acción judicial que puso en marcha una organización afín al Partido Popular y bautizada, con no menos chispa, Manos Limpias, fracasó de manera estrepitosa pues la Fiscalía del Tribunal de Justicia de Extremadura no dio curso a la denuncia y la archivó.

¡A masturbarse, pues, niños y niñas del mundo! Cuánta agua ha corrido en este planeta que todavía nos soporta a los humanos desde que, en mi niñez, los padres salesianos y los hermanos de La Salle —colegios en los que estudié— nos asustaban con el espantajo de que los «malos tocamientos» producían la ceguera, la tuberculosis y la imbecilidad. Seis décadas después ¡clases de paja en las escuelas! Eso es el progreso, señores.

¿Lo es, de veras?

La curiosidad me acribilla el cerebro de preguntas. ¿Pondrán notas? ¿Tomarán exámenes? ¿Los talleres serán teóricos o también prácticos? ¿Qué proezas tendrán que realizar los alumnos para sacar la nota de excelencia y qué fiascos para ser desaprobados? ¿Dependerá de la cantidad de conocimientos que su memoria retenga o de la velocidad, cantidad y consistencia de los orgasmos que produzca la destreza táctil de chicos y chicas? No son bromas. Si se tiene la audacia de abrir talleres para iluminar a la puericia en las técnicas de la masturbación, estas preguntas son pertinentes.

No tengo el menor reparo moral que oponer a la iniciativa *El placer está en tus manos* de la Junta de Extremadura. Reconozco las buenas intenciones que la animan y admito que, mediante campañas de esta índole, no es imposible que disminuyan los embarazos no queridos. Mi crítica es de índole sensual y sexual. Me temo que en vez de liberar a los niños de las supersticiones, mentiras y prejuicios que tradicionalmente han rodeado al sexo, los talleres de masturbación lo trivialicen aún más de lo que ya lo ha trivializado la civilización de nuestro tiempo de tal modo que acaben por convertirlo en un ejercicio sin misterio, disociado del sentimiento y la pasión, privando de este modo a las futuras generaciones de una fuente de placer que irrigó hasta ahora de manera tan fecunda la imaginación y la creatividad de los seres humanos.

La vacuidad y chabacanería que han ido socavando la cultura han estropeado también en cierta forma otra de las más importantes conquistas de nuestra época en los países democráticos: la liberación sexual, el eclipse de muchos tabúes y prejuicios que rodeaban la vida erótica. Porque, al igual que en los dominios del arte y la literatura, la desaparición de las formas en la vida sexual no significa un progreso sino más bien un retroceso que desnaturaliza la libertad y empobrece el sexo, rebajándolo a lo puramente instintivo y animal.

La masturbación no necesita ser enseñada, ella se descubre en la intimidad y es uno de los quehaceres que fundan la vida privada. Ella va desgajando al niño, a la niña, de su entorno familiar, individualizándolos y sensibilizándolos al revelarles el mundo secreto de los deseos, e instruyéndolos sobre asuntos capitales como lo sagrado, lo prohibido, el cuerpo y el placer. Por eso, destruir los ritos privados y acabar con la discreción y el pudor que, desde que la sociedad humana alcanzó la civilización, han acompañado al sexo no es combatir un prejuicio sino amputar de la vida sexual aquella dimensión que fue surgiendo en torno suyo a medida que la cultura y el desarrollo de las artes y las letras iban enriqueciéndola y convirtiéndola a ella misma en obra de arte. Sacar al sexo de las alcobas para exhibirlo en la plaza pública es, paradójicamente, no liberalizarlo sino regresarlo a los tiempos de la caverna, cuando, como los monos y los perros, las parejas no habían aprendido todavía a hacer el amor, sólo a ayuntarse. La supuesta liberación del sexo, uno de los rasgos más acusados de la modernidad en las sociedades occidentales, dentro de la cual se inscribe esta idea de dar clases de masturbación en las escuelas, quizá consiga abolir ciertos prejuicios tontos sobre el onanismo. En buena hora. Pero también podría contribuir a asestar otra puñalada al erotismo y, acaso, acabe con él. ¿Quién saldría ganando? No los libertarios ni los libertinos, sino los puritanos y las iglesias. Y continuaría el delirio y la futilización del amor que caracterizan a la civilización contemporánea en el mundo occidental.

La idea de los talleres de masturbación es un nuevo eslabón en el movimiento que, para ponerle una fecha de nacimiento (aunque en verdad es anterior), comenzó en París en Mayo de 1968 y pretende poner fin a los obstáculos y prevenciones de carácter religioso e ideológico que, desde tiempos inveterados, han reprimido la vida sexual provocando innumerables sufrimientos, sobre todo a las mujeres y a las minorías sexuales, así como frustración, neurosis y otros desequilibrios psíquicos en quienes, debido a la rigidez de la moral reinante, se han visto discriminados, censurados y condenados a una insegura clandestinidad.

Este movimiento ha tenido saludables consecuencias, desde luego, en los países occidentales, aunque en otras culturas, como la islámica, ha exacerbado las prohibiciones y la represión. El culto de la virginidad que pesaba como una lápida sobre la mujer se ha evaporado y gracias a ello y a la generalización del uso de la píldora las mujeres gozan hoy, si no exactamente de la misma libertad que los hombres, al menos de un margen de autonomía sexual infinitamente más ancho que sus abuelas y bisabuelas y que sus congéneres de los países musulmanes y tercermundistas. De otro lado, aunque sin desaparecer del todo, han ido reduciéndose los prejuicios y anatemas y las disposiciones legales que hasta hace pocos años penaban la homosexualidad por considerarla una práctica perversa. Poco a poco va admitiéndose en los países occidentales el matrimonio entre personas del mismo sexo con los mismos derechos que los de las parejas heterosexuales, incluido el de adoptar niños. Y, también, de manera paulatina, se extiende la idea de que, en materia sexual, lo que hagan o dejen de hacer entre ellos los adultos en uso de razón y decisión, es prerrogativa suya y nadie, empezando por el Estado y terminando por las iglesias, debe inmiscuirse en el asunto.

Todo esto constituye un progreso, por supuesto. Pero es un error creer, como los promotores de este movimiento liberador, que, desacralizándolo, desvistiéndolo de las veladuras, el pudor y los rituales que lo acompañan desde hace siglos, aboliendo de su práctica toda forma simbólica de transgresión, el sexo pasará a ser una práctica sana y normal en la ciudad.

El sexo sólo es sano y normal entre los animales. Lo fue entre los bípedos cuando aún no éramos humanos del todo, es decir, cuando el sexo era en nosotros desfogue del instinto y poco más que eso, una descarga física de energía que garantizaba la reproducción. La desanimalización de la especie fue un largo y complicado proceso y en él tuvo papel decisivo lo que Karl Popper llama «el mundo tercero», el de la cultura y la invención, la lenta aparición del individuo soberano, su emancipación de la tribu, con tendencias, disposiciones, designios, anhelos, deseos, que lo diferenciaban de los otros y lo constituían como ser único e intransferible. El sexo desempeñó un papel protagónico en la creación del individuo y, como mostró Sigmund Freud, en ese dominio, el más recóndito de la soberanía individual, se fraguan los rasgos distintivos de cada personalidad, lo que nos pertenece como propio y nos hace diferentes de los demás. Ése es un dominio privado y secreto y deberíamos procurar que siga siéndolo si no queremos cegar una de las fuentes más intensas del placer y de la creatividad, es decir, de la civilización.

Georges Bataille no se equivocaba cuando alertó contra los riesgos de una permisividad desenfrenada en materia sexual. La desaparición de los prejuicios, algo liberador, en efecto, no puede significar la abolición de los rituales, el misterio, las formas y la discreción gracias a los cuales el sexo se civilizó y humanizó. Con sexo público, sano y normal, la vida se volvería más aburrida, mediocre y violenta de lo que es.

Hay muchas formas de definir el erotismo, pero, tal vez, la principal sea llamarlo la desanimalización del amor físico, su conversión, a lo largo del tiempo y gracias al progreso de la libertad y la influencia de la cultura en la vida privada, de mera satisfacción de una pulsión instintiva en un quehacer creativo y compartido que prolonga y sublima el placer físico rodeándolo de una puesta en escena y unos refinamientos que lo convierten en obra de arte.

Tal vez en ninguna otra actividad se haya ido estableciendo una frontera tan evidente entre lo animal y lo humano como en el dominio del sexo. Esta diferencia en un principio, en la noche de los tiempos, no existía y confundía a ambos en un acoplamiento carnal sin misterio, sin gracia, sin sutileza y sin amor. La humanización de la vida de hombres y mujeres es un largo proceso en el que intervienen el avance de los conocimientos científicos, las ideas filosóficas y religiosas, el desarrollo de las artes y las letras. En esa trayectoria nada cambia tanto como la vida sexual. Ésta ha sido siempre un fermento de la creación artística y literaria y, recíprocamente, pintura, literatura, música, escultura, danza, todas las manifestaciones artísticas de la imaginación humana han contribuido al enriquecimiento del placer a través de la práctica sexual. No es abusivo decir que el erotismo representa un momento elevado de la civilización y que es uno de sus componentes determinantes. Para saber cuán primitiva es una comunidad o cuánto ha avanzado en su proceso civilizador nada tan útil como escrutar sus secretos de alcoba y averiguar cómo sus miembros hacen el amor.

El erotismo no sólo tiene la función positiva y ennoblecedora de embellecer el placer físico y abrir un amplio abanico de sugestiones y posibilidades que permitan a los seres humanos satisfacer sus deseos y fantasías. Es también una actividad que saca a flote aquellos fantasmas escondidos en la irracionalidad que son de índole destructiva y mortífera. Freud los llamó la vocación tanática, que se disputa con el instinto vital y creativo —el Eros— la condición humana. Librados a sí mismos, sin freno alguno, aquellos monstruos del inconsciente que asoman en la vida sexual y piden derecho de ciudad podrían acarrear una violencia vertiginosa (como la que baña de sangre y cadáveres las novelas del marqués de Sade) y hasta la desaparición de la especie. Por eso el erotismo no sólo encuentra en la prohibición un acicate voluptuoso, también un límite violado el cual se vuelve sufrimiento y muerte.

Yo descubrí que el erotismo estaba inseparablemente unido a la libertad humana, pero también a la violencia, leyendo a los grandes maestros de la literatura erótica que reunió Guillaume Apollinaire en la colección que dirigió (prologando y traduciendo algunos de sus volúmenes) con el título *Les maîtres de l'amour*.

Ocurrió en Lima, hacia 1955. Acababa de casarme por primera vez y debí acumular varios trabajos a fin de ganarme la vida. Llegué a tener ocho, al mismo tiempo que continuaba mis estudios universitarios. El más pintoresco de ellos era fichar los muertos de los cuarteles coloniales del cementerio Presbítero Maestro, de Lima, cuyos nombres habían desaparecido de los archivos de la Beneficencia. Lo hacía domingos y días feriados, yéndome al cementerio equipado con una escalerita, fichas y lápices. Después de realizar mi escrutinio de las viejas lápidas, elaboraba listas con los nombres y fechas, y la Beneficencia Pública de Lima me pagaba por muerto. Pero el más grato de mis ocho trabajos alimenticios no fue éste sino el de ayudante de bibliotecario del Club Nacional. El bibliotecario era mi maestro, el historiador Raúl Porras Barrenechea. Mis obligaciones consistían en pasar dos horas diarias de lunes a viernes en el elegante edificio del Club, símbolo de la oligarquía peruana, que por aquellos años celebraba su centenario. En teoría, debía dedicar ese par de horas a fichar las nuevas adquisiciones de la biblioteca, pero, no sé si por falta de presupuesto o por negligencia de su directiva, el Club Nacional casi no adquiría ya libros en aquellos años, de modo que podía dedicar aquellas dos horas a escribir y leer. Eran las dos horas más felices de aquellos días en que desde el amanecer hasta la noche no paraba de hacer cosas que me interesaban poco o nada. No trabajaba en la bella sala de lectura de la planta baja del Club sino en una oficina del cuarto piso. Allí descubrí con felicidad, disimulados detrás de unos discretos biombos y unas cortinillas pudibundas, una espléndida colección de libros eróticos, casi todos franceses. Allí leí las cartas y fantasías eróticas de Diderot y de Mirabeau, al marqués de Sade y a Restif de la Bretonne, a Andréa de Nerciat, al Aretino, las *Memorias de una cantante alemana*, la *Autobiografía de un inglés*, las *Memorias de Casanova*, *Las amistades peligrosas* de Choderlos de Laclos y no sé cuántos otros libros clásicos y emblemáticos de la literatura erótica.

Ella tiene antecedentes clásicos, desde luego, pero irrumpe de verdad en Europa en el siglo XVIII, en pleno auge de los *philosophes* y sus grandes teorías renovadoras de la moral y la política, su ofensiva contra el oscurantismo religioso y su apasionada defensa de la libertad. Filosofía, sedición, placer y libertad era lo que pedían y practicaban en sus escritos estos pensadores y artistas que reivindicaban orgullosos el apelativo de «libertinos» con que los llamaban, recordando que el sentido primario de ese vocablo era, según recuerda Bataille, «el que desacata o desafía a Dios y a la religión en nombre de la libertad».

La literatura libertina es muy desigual, desde luego, no abundan las obras maestras entre las que produjo, aunque se encuentran algunas novelas o textos de gran valía en medio de muchas otras de escasa o nula significación artística. La limitación principal que suele empobrecerla es que, concentrados de manera obsesiva y excluyente en la descripción de experiencias sexuales, los libros *sólo* eróticos pronto sucumben a la repetición y a la monomanía, porque la actividad sexual, aunque intensa y fuente maravillosa de goces, es limitada y, si se la separa del resto de actividades y funciones que constituyen la vida de hombres y mujeres, pierde vitalidad y ofrece un carácter recortado, caricatural e inauténtico de la condición humana.

Pero esto no es óbice para que en la literatura libertina resuene siempre un grito de libertad en contra de todas las sujeciones y servidumbres —religiosas, morales y políticas— que restringen el derecho al libre albedrío, a la libertad política y social, y al placer, un derecho que por primera vez se reclama en la historia de la civilización: el de poder materializar las fantasías y deseos que el sexo despierta en los seres humanos. El gran mérito de las monótonas novelas del marqués de Sade es mostrar en ellas cómo el sexo, si se ejerce sin limitación ni freno alguno, acarrea enloquecidas violencias pues es el vehículo privilegiado a través del cual se manifiestan los instintos más destructivos de la personalidad.

Lo ideal en este dominio es que las fronteras dentro de las cuales se despliega la vida sexual se ensanchen lo suficiente para que hombres y mujeres puedan actuar con libertad, volcando en ella sus deseos y fantasmas, sin sentirse amenazados ni discriminados, pero dentro de ciertas formas culturales que preserven al sexo su naturaleza privada e íntima, de manera que la vida sexual no se banalice ni animalice. Eso es el erotismo. Con sus rituales, fantasías, vocación de clandestinidad, amor a las formas y a la teatralidad, nace como un producto de la alta civilización, un fenómeno inconcebible en las sociedades o en las gentes primitivas y bastas, pues se trata de un quehacer que exige sensibilidad refinada, cultura literaria y artística y cierta vocación transgresora. Transgresora es una palabra que en este caso hay que tomar con pinzas, pues dentro del contexto erótico no significa negación de la regla moral o religiosa imperante, sino ambas cosas a la vez: su reconocimiento y su rechazo, mezclados de manera indisoluble. Violando la norma en la intimidad, con discreción y de común acuerdo, la pareja o el grupo llevan a cabo una representación, un juego teatral que inflama su placer con un aderezo de desafío y libertad, a la vez que preserva al sexo el estatuto de quehacer velado, confidencial y secreto.

Sin el cuidado de las formas, de ese ritual que, a la vez que enriquece, prolonga y sublima el placer, el acto sexual retorna a ser un ejercicio puramente físico —una pulsión de la naturaleza en el organismo humano de la que el hombre y la mujer son meros instrumentos pasivos—, desprovisto de sensibilidad y emoción. Y de ello nos ilustra, sin pretenderlo ni saberlo, esa literatura de pacotilla que pretendiendo ser erótica sólo llega a los rudimentos vulgares del género: la pornografía. La literatura erótica se vuelve pornografía por razones estrictamente literarias: el descuido de las formas. Es decir, cuando la negligencia o la torpeza del escritor al utilizar el lenguaje, construir una historia, desarrollar los diálogos, describir una situación, desvela involuntariamente todo lo que hay de soez y repulsivo en un acoplamiento sexual exonerado de sentimiento y elegancia —de *mise en scène* y de rito—, convertido en mera satisfacción del instinto reproductor.

Hacer el amor en nuestros días, en el mundo occidental, está mucho más cerca de la pornografía que del erotismo y, paradójicamente, ello ha resultado como una deriva degradada y perversa de la libertad.

Los talleres de masturbación a los que asistirán en el futuro los jóvenes extremeños y andaluces como parte del currículo escolar tienen la apariencia de un paso audaz en la lucha contra la gazmoñería y el prejuicio en el dominio sexual. En la realidad, es probable que esta y otras iniciativas semejantes destinadas a desacralizar la vida sexual convirtiéndola en una práctica tan común y corriente como comer, dormir e ir al trabajo, tengan como consecuencia desilusionar precozmente a las nuevas generaciones de la práctica sexual. Ésta perderá misterio, pasión, fantasía y creatividad y se habrá banalizado hasta confundirse con una mera calistenia. Con el resultado de inducir a los jóvenes a buscar el placer en otra parte, probablemente en el alcohol, la violencia y las drogas.

Por eso, si queremos que el amor físico contribuya a enriquecer la vida de las gentes, liberémoslo de los prejuicios, pero no de las formas y los ritos que lo embellecen y civilizan, y, en vez de exhibirlo a plena luz y por las calles, preservemos esa privacidad y discreción que permiten a los amantes jugar a ser dioses y sentir que lo son en esos instantes intensos y únicos de la pasión y el deseo compartidos.

Antecedentes

Piedra de Toque
El pintor en el burdel

Jean-Jacques Lebel, escritor y artista de vanguardia que en los años sesenta organizaba happenings, *concibió en aquella época la idea de montar «con absoluta fidelidad»* El deseo atrapado por la cola, *un delirante texto teatral escrito por Picasso en 1941, en el que, entre otros disparates, un personaje femenino, La Tarte, orina en escena diez minutos seguidos acuclillada sobre el hueco del apuntador. (Para conseguirlo, cuenta Lebel, su licuante actriz debió ingerir litros de té y abundantes infusiones de cerezas.) Con motivo de este proyecto, se entrevistó con el pintor a comienzos de 1966 y Picasso le mostró un abanico de dibujos y pinturas de tema erótico, de su época barcelonesa, que jamás se habían exhibido. Desde entonces Lebel tuvo la idea de organizar una exposición que mostrara, sin eufemismos ni censuras, la potencia del sexo en el mundo picassiano. Esta idea se concretó casi cuatro décadas más tarde, con una vasta muestra de trescientas treinta obras, muchas de ellas nunca expuestas, en el Jeu de Paume de París, donde estuvo entre marzo y mayo de 2001. Luego, viajó a Montreal y Barcelona.*

La primera pregunta que se haría el espectador, luego de recorrer la excitante muestra (nunca mejor empleado el adjetivo), es por qué demoró tanto en exhibirse. Se habían hecho innumerables exposiciones sobre la obra de un artista cuya influencia ha dejado huellas por todas las avenidas del arte moderno, pero, hasta entonces, nunca una específica sobre el tema del sexo, que, como demostraría de manera inequívoca la exposición reunida por Lebel y Gérard Régnier, obsesionó al pintor y, sobre todo en ciertas épocas extremas —la juventud y la vejez—, lo indujo a expresarse en este dominio con notable desenfado y audacia, en dibujos, apuntes, objetos, grabados y telas que, aparte de su desigual valor artístico, lo revelaban en su intimidad más secreta —la de sus deseos y fantasías eróticas— e iluminaban con una luz especial el resto de su obra.

«El arte y la sensualidad son la misma cosa», le dijo Picasso a Jean Leymarie, y en otra ocasión aseguró que «no existe un arte casto». Aunque tal vez semejantes afirmaciones no sean válidas para todos los artistas, en su caso sí lo fueron. ¿Por qué, entonces, contribuyó el propio Picasso a ocultar durante tanto tiempo ese aspecto de su producción artística, que existió siempre, aun cuando en ciertos períodos su existencia fuera un quehacer de catacumbas rigurosamente vedado al público? Por razones ideológicas y comerciales, dice Jean-Jacques Lebel, en un interesante diálogo con Geneviève Beerette. Durante su período estalinista, mientras hacía el retrato de Stalin y denunciaba «las masacres de Corea», el erotismo hubiera sido una fuente de conflictos para Picasso con el Partido Comunista, al que estaba afiliado y el que defendía la ortodoxia estética del realismo socialista, en el que no había sitio para la «decadente» exaltación del placer sexual. Más tarde, aconsejado por sus galeristas, admitió que esta variante de su obra se siguiese ocultando por temor de que ella ofendiera el puritanismo de los coleccionistas norteamericanos y ello le restringiera ese opulento mercado. Debilidades humanas de las que no están exentos los genios.

En todo caso, desde el año 2001 ya fue posible posar la mirada sobre el Picasso integral, un universo dotado de tantas constelaciones que produce vértigo. ¿Cómo pudo la imaginación de un aislado mortal generar tan desmesurada efervescencia? Es una interrogación que no tiene respuesta, que nos deja tan atónitos en Picasso como en un Rubens, un Mozart o un Balzac. La trayectoria de su obra, con sus distintas etapas, temas, formas, motivos, es un recorrido por todas las escuelas y movimientos artísticos del siglo XX, de los que se nutre y a los que insemina con un acento propio inconfundible. Luego, se proyecta hacia el pasado, al que retrotrae al presente en semblanzas, evocaciones, caricaturas, relecturas, que muestran todo lo que hay de actual y de fresco en los viejos maestros. Ahora bien, el sexo no estuvo nunca ausente, en ninguno de los períodos en que la crítica ha dividido y organizado la obra de Picasso, ni siquiera durante los años del cubismo. Aunque, algunas veces, se manifiesta con recato, de manera simbólica, mediante alusiones, en otras, las más, irrumpe con insolente desnudez y crudeza, en imágenes que parecen desafíos a las convenciones del erotismo, al refinamiento y las pudorosas escenografías con que el arte tradicionalmente ha descrito al amor físico, a fin de hacerlo compatible con la moral establecida.

El sexo que Picasso desvela en la mayor parte de estas obras, sobre todo el de los años juveniles pasados en Barcelona, es elemental, no sublimado por rituales y barrocas ceremonias de una cultura que disfraza, civiliza y convierte en obra de arte el instinto animal, sino el que busca la inmediata satisfacción del deseo, sin demora, sin subterfugios, remilgos ni distracciones. Un sexo de hambrientos y ortodoxos, no de soñadores ni exquisitos. Es, por consiguiente, un sexo machista a más no poder, en el que no existe el homosexualismo masculino, y en el que el femenino se ejercita únicamente para goce y contemplación del mirón. Un sexo de hombres y para hombres, primitivos y rijosos, donde el falo es rey. La mujer está allí para servir, no para gozar ella misma sino para hacer gozar, para abrir las piernas y someterse a los caprichos del fornicador, ante el que a menudo aparece arrodillada, practicando una felación en una postura que es el arquetipo de este orden sexual: a la vez que le da placer, la hembra se rinde y adora al macho todopoderoso. El falo, claman estas imágenes, es ante todo poder.

Es natural que, para un placer sexual de esta índole, el recinto privilegiado donde se practica el sexo sea el burdel. Nada de desviaciones sentimentales para esa pulsión que quiere saciar una urgencia material, y luego olvidarse y pasar a otra cosa. En el burdel, donde el sexo se compra y se vende, no se adquieren compromisos ni se buscan coartadas morales ni afectivas de ninguna especie, el sexo se despliega en su descarnada verdad, como puro presente, como un desvergonzado ejercicio que no deja huella en la memoria, cópula pura y fugaz, inmune al remordimiento y la nostalgia.

Las reiteradas imágenes de este sexo prostibulario, vulgarote y carente de imaginación, que cubren cuadernos, cartulinas, telas, resultarían monótonas sin los alardes risueños que a menudo brotan en él, jocosas burlas y exageraciones que manifiestan un estado de ánimo colmado de entusiasmo y felicidad. Un pescado sicalíptico —¡un maquereau!*— lame a una muchacha complaciente, pero muerta de aburrimiento. Son imágenes de una jocunda vitalidad, manifiestos exaltados a favor de la vida. Y en todas ellas, aun en esos croquis rápidos dibujados en el desorden de la fiesta en servilletas, menús, recortes de periódicos, para divertir a un amigo o dejar testimonio de un encuentro, chispea la destreza de esa mano maestra, lo certero de esa mirada taladrante* *capaz de fijar en unos pocos trazos esenciales el vórtice enloquecido de la realidad. La apoteosis del burdel en la obra de Picasso es, claro está,* Les Demoiselles d'Avignon, *que no figuró en esta muestra, pero sí muchos de los innumerables bocetos y primeras versiones de esa obra excepcional.*

Con el pasar de los años, la aspereza sexual de la mocedad se va suavizando, cargando de símbolos, el deseo ramificándose en personajes de la mitología. Toda la dinastía del Minotauro, en grabados y lienzos de los años treinta, centellea de vigorosa sensualidad y de una fuerza sexual que exhibe su bestialismo con donaire y desvergüenza, como prueba de vida y de creatividad artística. En cambio, en la bellísima serie de grabados dedicados a Rafael y La Fornarina, *de fines de los años sesenta, los debates amorosos del pintor y su modelo bajo los ojos lascivos de un viejo pontífice, que descansa sus flacas carnes en una bacinica, están impregnados de una soterrada tristeza. Ahí está discurriendo no sólo la dichosa entrega de los jóvenes al amor físico, a la voluptuosidad que se mezcla con el quehacer artístico; también, la melancolía del observador, al que los años han puesto fuera de combate en lo que respecta a las justas amorosas, un ex combatiente que debe resignarse a gozar contemplando el goce ajeno, mientras siente que se le va la vida, que a la muerte de su sexo seguirá pronto la otra, la definitiva y total. Este tema se volverá recurrente en los últimos años de Picasso, y la exposición del Jeu de Paume lo revelaba en pinturas donde a menudo aparecía, con énfasis patético y desgarrador, la inconsolable nostalgia de la virilidad perdida, la amargura de saberse arrebatado por la fatídica rueda del tiempo a esa vertiginosa inmersión en la fuente de la vida, en ese estallido de puro placer en el que el ser humano tiene la adivinación de la mortalidad, y que, irónicamente, los franceses llaman la* petite mort, *«pequeña muerte». Esta muerte figurada, y la otra, la del acabamiento y la extinción física, son las protagonistas de estas dramáticas pinturas que Picasso siguió pintando casi hasta el estertor final.*

El País, *Madrid, 1 de abril de 2001*

Piedra de Toque
El sexo frío

Dice la leyenda que, en su noche de bodas, el joven Victor Hugo hizo el amor ocho veces a su esposa, la casta Adèle Foucher. Y que, a consecuencia de aquella plusmarca establecida por el fogoso autor de Los Miserables, *quien, según confesión propia, había llegado virgen a esa noche nupcial, Adèle quedó vacunada para siempre contra ese género de actividades. (Su tortuosa aventura adulterina con el feo Sainte-Beuve no tuvo nada que ver con el placer, sino con el despecho y la venganza.)*

El sabio Jean Rostand se reía de aquel récord huguesco comparándolo con las proezas que en el dominio del fornicio realizan otros especímenes. ¿Qué son, por ejemplo, las ocho efusiones consecutivas del vate romántico comparadas con los cuarenta días y cuarenta noches en que el sapo copula a la sapa sin darse un solo instante de respiro? Ahora bien, gracias a una aguerrida francesa, la señora Catherine Millet, los anfibios anuros, los conejos, los hipopótamos y demás grandes fornicadores del reino animal han encontrado, en la mediocre especie humana, una émula capaz de medirse con ellos de igual a igual, y hasta de derrotarlos en números copulatorios.

¿Quién es la señora Catherine Millet? Una distinguida crítica de arte, que ha superado el medio siglo, dirige la redacción de Art Press, *en París, y es autora de monografías sobre el arte conceptual, el pintor Yves Klein, el diseñador Roger Tallon, el arte contemporáneo y la crítica de vanguardia. En 1989 fue comisaria de la sección francesa*

de la Bienal de São Paulo y, en 1995, comisaria del pabellón francés de la Bienal de Venecia. Su celebridad, sin embargo, es más reciente. Resulta de un ensayo sexual autobiográfico, recién publicado por Seuil, La vie sexuelle de Catherine M., *que causó considerable revuelo y encabezó varias semanas la lista de libros más vendidos en Francia.*

Diré de inmediato que el ensayo de la señora Millet vale bastante más que el ridículo alboroto que lo publicitó, y, también, que quienes se precipitaron a leerlo atraídos por el nimbo erótico o pornográfico que lo adornaba, se llevaron una decepción. El libro no es un estimulante sexual ni una elaborada imaginería de rituales a partir de la experiencia erótica, sino una reflexión inteligente, cruda, insólitamente franca, que adopta por momentos el semblante de un informe clínico. La autora se inclina sobre su propia vida sexual con la acuciosidad glacial y obsesiva de esos miniaturistas que construyen barcos dentro de botellas o pintan paisajes en la cabeza de un alfiler. Diré también que este libro, aunque interesante y valeroso, no es agradable de leer, pues la visión del sexo que deja en el lector es casi tan fatigante y deprimente como la que dejaron en madame *Victor Hugo las ocho embestidas maritales de su noche nupcial.*

Catherine Millet comenzó su vida sexual bastante tarde —a los diecisiete años—, para una muchacha de su generación, la de la gran revolución de las costumbres que representó Mayo del 68. Pero, de inmediato, comenzó a recuperar el tiempo perdido, haciendo el amor a diestra y siniestra, y por todos los lugares posibles de su cuerpo, a un ritmo enloquecedor, hasta alcanzar unas cifras que, calculo, deben haber superado con creces aquel millar de mujeres que, en su autobiografía, se jactaba de haberse llevado a la cama el incontinente polígrafo belga Georges Simenon.

Insisto en el factor cuantitativo porque ella lo hace en la extensa primera parte de su libro, titulada precisamente «El número», donde documenta su predilección por los partouzes, *el sexo promiscuo, los entreveros. En los setenta y ochenta, antes de que la libertad sexual fuera perdiendo ímpetu y, manes del sida, dejara de estar de moda en toda Europa, la señora Millet —que se describe como una mujer tímida, disciplinada, más bien dócil, que en las relaciones sexuales ha encontrado una forma de comunicación con sus congéneres que no se le da fácilmente en otros órdenes de la vida— hizo el amor en clubes privados, en el Bois de Boulogne, a orillas de las carreteras, zaguanes de edificios, bancas públicas, además de casas particulares, y, alguna vez, en la parte trasera de una camioneta en la que, con ayuda de su amigo Éric, que organizaba la cola, despachó en unas cuantas horas a decenas de solicitantes.*

Digo solicitantes porque no sé cómo llamar a estos fugaces y anónimos compañeros de aventura de la autora. No clientes, desde luego, porque Catherine Millet, aunque haya prodigado sus favores con generosidad sin límites, no ha cobrado jamás por hacerlo. El sexo en ella ha sido siempre afición, deporte, rutina, placer, jamás profesión o negocio. Pese al desenfreno con que lo ha practicado, dice que nunca fue víctima de brutalidades, ni se sintió en peligro; incluso en situaciones colindantes con la violencia, le bastó una simple reacción negativa para que el entorno respetara su decisión. Ha tenido amantes, y ahora tiene un marido —un escritor y fotógrafo, que ha publicado un álbum de desnudos de su esposa—, pero un amante es alguien con quien se supone existe una relación un tanto estable, en tanto que la mayoría de compañeros de sexo de Catherine Millet aparecen como siluetas de paso, tomadas y abandonadas al desgaire, casi sin que mediara un diálogo entre ellos. Individuos sin nombre, sin cara, sin historia, los hombres que desfilan por este libro son, como aquellas vulvas furtivas de los libros libertinos, nada más que unas vergas transeúntes. Hasta ahora, en la literatura confesional, sólo los varones hacían así el amor, por secuencias ciegas y al bulto, sin preocuparse siquiera de saber con quién. Este libro muestra —es quizás lo verdaderamente escandaloso que hay en él— que se equivocaban quienes creían que el sexo en cadena, mudado en estricta gimnasia carnal, disociado por completo del sentimiento y la emoción, era privativo de los pantalones.

Conviene precisar que Catherine Millet no hace en estas páginas el menor alarde de feminista. No exhibe su riquísima experiencia en materia sexual como una bandera reivindicatoria, o una acusación contra los prejuicios y discriminaciones que padecen las mujeres todavía en el ámbito sexual. Su testimonio está desprovisto de arengas y no aparece en él la menor pretensión de querer ilustrar, con lo que cuenta, alguna verdad general, ética, política o social. Por el contrario, su individualismo es extremado, y muy visible en su prurito de no querer sacar de su experiencia conclusiones para todo el mundo, sin duda porque no cree que ellas existan. ¿Por qué ha hecho pública, entonces, mediante una auto-autopsia sexual sin precedentes, esa intimidad que la inmensa mayoría de hembras y varones esconde bajo cuatro llaves? Parecería que para ver si así se entiende mejor, si llega a tener la perspectiva suficiente para convertir en conocimiento, en ideas claras y coherentes, ese pozo oscuro de iniciativas, arrebatos, audacias, excesos y, también, confusión, que, pese a la libertad con que lo ha asumido, es para ella, todavía, el sexo.

Lo que más desconcierta en esta memoria es la frialdad con que está escrita. La prosa es eficiente, em-

peñada en ser lúcida, a menudo abstracta. Pero la frialdad no sólo impregna la expresión y el raciocinio. Es también la materia, el sexo, lo que despide un aliento helado, congelador, y en muchas páginas deprimente. La señora Millet nos asegura que muchos de sus asociados la satisfacen, la ayudan a materializar sus fantasmas, que pasó buenos ratos con ellos. Pero ¿de veras la colman, la hacen gozar? La verdad es que sus orgasmos parecen mecánicos, resignados y tristes. Ella misma lo da a entender, de manera inequívoca, en las páginas finales de su libro, cuando señala que, pese a la diversidad de personas con las que ha hecho el amor, nunca se ha sentido tan realizada sexualmente como practicando («con la puntualidad de un funcionario») la masturbación. No es, pues, siempre cierta aquella extendida creencia machista (ahora ya esta adjetivación es discutible) de que, en materia sexual, sólo en la variación se encuentra el gusto. Que lo diga la señora Millet: ninguno de sus incontables parejas de carne y hueso ha sido capaz de destronar a su invertebrado fantasma.

Este libro confirma lo que toda literatura centrada en lo sexual ha mostrado hasta la saciedad: que, separado de las demás actividades y funciones que constituyen la existencia, el sexo es extremadamente monótono, de un horizonte tan limitado que a la postre resulta deshumanizador. Una vida imantada por el sexo, y sólo por él, rebaja esta función a una actividad orgánica primaria, no más noble ni placentera que el tragar por tragar, o el defecar. Sólo cuando lo civiliza la cultura, y lo carga de emoción y de pasión, y lo reviste de ceremonias y rituales, el sexo enriquece extraordinariamente la vida humana y sus efectos bienhechores se proyectan por todos los vericuetos de la existencia. Para que esta sublimación ocurra es imprescindible, como lo explicó

Georges Bataille, que se preserven ciertos tabúes y reglas que encaucen y frenen el sexo, de modo que el amor físico pueda ser vivido —gozado— como una transgresión. La libertad irrestricta, la renuncia a toda teatralidad y formalismo en su ejercicio, no han contribuido a enriquecer el placer y la felicidad de los seres humanos gracias al sexo. Más bien, a banalizarlo, convirtiendo el amor físico, una de las fuentes más fértiles y enigmáticas del fenómeno humano, en mero pasatiempo.

Por lo demás, conviene no olvidar que esa libertad sexual que se despliega con tanta elocuencia en el ensayo de Catherine Millet es todavía privilegio de pequeñas minorías. Al mismo tiempo que yo leía su libro, aparecía en la prensa la noticia de la lapidación, en una provincia de Irán, de una mujer a la que un tribunal de ayatolás fanáticos encontró culpable de aparecer en películas pornográficas. Aclaremos que «pornografía», en una teocracia fundamentalista islámica, consiste en que una mujer muestre sus cabellos. La culpable, de acuerdo a la ley coránica, fue enterrada en una plaza pública hasta los pechos y apedreada hasta la muerte.

El País, *Madrid, 27 de mayo de 2001*

V. Cultura, política y poder

La cultura no depende de la política, no debería en todo caso, aunque ello es inevitable en las dictaduras, sobre todo las ideológicas o religiosas, en las que el régimen se siente autorizado a dictar normas y establecer cánones dentro de los cuales debe desenvolverse la vida cultural, bajo una vigilancia del Estado empeñado en que ella no se aparte de la ortodoxia que sirve de sostén a quienes gobiernan. El resultado de este control, lo sabemos, es la progresiva conversión de la cultura en propaganda, es decir, en su delicuescencia por falta de originalidad, espontaneidad, espíritu crítico y voluntad de renovación y experimentación formal.

En una sociedad abierta, aunque mantenga su independencia de la vida oficial, es inevitable y necesario que la cultura y la política tengan relación e intercambios. No sólo porque el Estado, sin recortar la libertad de creación y de crítica, debe apoyar y propiciar actividades culturales —en la preservación y promoción del patrimonio cultural, ante todo—, sino también porque la cultura debe ejercitar una influencia sobre la vida política, sometiéndola a una continua evaluación crítica e inculcándole valores y formas que le impidan degradarse. En la civilización del espectáculo, por desgracia, la influencia que ejerce la cultura sobre la política, en vez de exigirle mantener ciertos estándares de excelencia e integridad, contribuye a deteriorarla moral y cívicamente, estimulando lo que pueda haber en ella de peor, por ejemplo, la mera mojiganga. Ya hemos visto cómo, al compás de la cultura imperante, la política ha ido reemplazando cada vez más las ideas y los ideales, el debate intelectual y los programas, por la mera publicidad y las apariencias. Consecuentemente, la popularidad y el éxito se conquistan no tanto por la inteligencia y la probidad como por la demagogia y el talento histriónico. Así, se da la curiosa paradoja de que, en tanto que en las sociedades autoritarias es la política la que corrompe y degrada a la cultura, en las democracias modernas es la cultura —o eso que usurpa su nombre— la que corrompe y degrada a la política y a los políticos.

Para ilustrar mejor lo que quiero decir, haré un pequeño salto al pasado, en relación con la vida pública que mejor conozco: la peruana.

Cuando entré a la Universidad de San Marcos, en Lima, el año 1953, «política» era una mala palabra en el Perú. La dictadura del general Manuel Apolinario Odría (1948-1956) había conseguido que para gran número de peruanos «hacer política» significara dedicarse a una actividad delictuosa, asociada a la violencia social y a tráficos ilícitos. La dictadura había impuesto una Ley de Seguridad Interior de la República que ponía fuera de la ley a todos los partidos y una rigurosa censura impedía que en diarios, revistas y radios (la televisión aún no llegaba) apareciera la menor crítica al gobierno. En cambio, las publicaciones e informativos estaban plagados de alabanzas al dictador y sus cómplices. El buen ciudadano debía entregarse a su trabajo y ocupaciones domésticas sin inmiscuirse en la vida pública, monopolio de quienes ejercían el poder protegidos por las Fuerzas Armadas. La represión mantenía en las cárceles a los dirigentes apristas, comunistas y sindicalistas. Tuvieron que exiliarse centenares de militantes de esos partidos y personas vinculadas al gobierno democrático del doctor José Luis Bustamante y Rivero (1945-1948), al que el golpe militar de Odría derrocó.

Existía una actividad política clandestina, pero mínima, debido a la dureza de las persecuciones. La Universidad de San Marcos era uno de los focos más intensos de aquella acción de catacumbas que se repartían prácticamente apristas y comunistas, rivales enconados entre sí. Pero eran minoritarios dentro de la masa de universitarios en la que, por temor o apatía, había cundido también ese apoliticismo que, como todas las dictaduras, la de Odría quiso imponer al país.

A partir de mediados de los años cincuenta el régimen se hizo cada vez más impopular. Y, en consecuencia, un número creciente de peruanos se fue atreviendo a hacer política, es decir, a enfrentarse al gobierno y a sus matones y policías, en mítines, huelgas, paros, publicaciones, hasta obligarlo a convocar unas elecciones, que, en 1956, pusieron fin al «ochenio».

Al restablecerse el Estado de derecho, abolirse la Ley de Seguridad Interior, resucitar la libertad de prensa y el derecho de crítica, legalizarse a los partidos fuera de la ley y autorizarse la creación de otros —el partido Acción Popular, la Democracia Cristiana y el Movimiento Social Progresista—, la política volvió al centro de la actualidad, rejuvenecida y prestigiada. Como suele ocurrir cuando a una dictadura sucede un régimen de libertades, la vida cívica atrajo a muchos peruanos y peruanas que veían ahora la política con optimismo, como un instrumento para buscar remedio a los males del país. No exagero si digo que en aquellos años los más eminentes profesionales, empresarios, académicos y científicos se sintieron llamados a intervenir en la vida pública, incitados por una voluntad desinteresada de servir al Perú. Ello se reflejó en el Parlamento elegido en 1956. Desde entonces el país no ha vuelto a tener una Cámara de Senadores y una Cámara de Diputados de la calidad intelectual y moral de las de entonces. Y algo parecido se puede decir de quienes ocuparon ministerios y cargos públicos en aquellos años, o, desde la oposición, hicieron política criticando al gobierno y proponiendo alternativas a la gestión gubernamental.

No digo con esto que los gobiernos de Manuel Prado (1956-1962) y de Fernando Belaúnde Terry (1963-1968), con el intervalo de una Junta Militar (1962-1963) para no perder la costumbre, fueran exitosos. De hecho no lo fueron, pues, en 1968, ese breve paréntesis democrático de poco más de un decenio se desplomó una vez más por obra de otra dictadura militar —la de los generales Juan Velasco Alvarado y Francisco Morales Bermúdez— que duraría doce años (1968-1980). Lo que quiero destacar es que, a partir de 1956 y por un breve lapso, la política en el Perú dejó de ser percibida por la sociedad como un quehacer desdeñable y concitó la ilusión del mayor número, que vio en ella una actividad que podía canalizar las energías y talentos capaces de convertir a esa sociedad atrasada y empobrecida en un país libre y próspero. La política se adecentó por algunos años porque la gente decente se animó a hacer política en vez de evadirla.

Hoy en día, en todas las encuestas que se hacen sobre la política una mayoría significativa de ciudadanos opina que se trata de una actividad mediocre y sucia, que repele a los más honestos y capaces, y recluta sobre todo a nulidades y pícaros que ven en ella una manera rápida de enriquecerse. No ocurre sólo en el Tercer Mundo. El desprestigio de la política en nuestros días no conoce fronteras y ello obedece a una realidad incontestable: con variantes y matices propios de cada país, en casi todo el mundo, el avanzado como el subdesarrollado, el nivel intelectual, profesional y sin duda también moral de la clase política ha decaído. Esto no es privativo de las dictaduras. Las democracias padecen ese mismo desgaste y la secuela de ello es el desinterés por la política que delata el ausentismo en los procesos electorales tan frecuente en casi todos los países. Las excepciones son raras. Probablemente ya no queden sociedades en las que el quehacer cívico atraiga a los mejores.

¿A qué se debe que el mundo entero haya llegado a pensar aquello que todos los dictadores han querido inculcar siempre a los pueblos que sojuzgan, que la política es una actividad vil?

Es verdad que, en muchos lugares, la política es o se ha vuelto, en efecto, sucia y vil. «Lo fue siempre», dicen los pesimistas y los cínicos. No, no es cierto que lo fuera siempre ni que lo sea ahora en todas partes y de la misma manera. En muchos países y en muchas épocas, la actividad cívica alcanzó un prestigio merecido porque atraía gente valiosa y porque sus aspectos negativos no parecían prevalecer en ella sobre el idealismo, honradez y responsabilidad de la mayoría de la clase política. En nuestra época, aquellos aspectos negativos de la vida política han sido magnificados a menudo de una manera exagerada e irresponsable por un periodismo amarillo con el resultado de que la opinión pública ha llegado al convencimiento de que la política es un quehacer de personas amorales, ineficientes y propensas a la corrupción.

El avance de la tecnología audiovisual y los medios de comunicación, que sirve para contrarrestar los sistemas de censura y control en las sociedades autoritarias, debería haber perfeccionado la democracia e incentivado la participación en la vida pública. Pero ha tenido más bien el efecto contrario, porque la función crítica del periodismo se ha visto en muchos casos distorsionada por la frivolidad y el hambre de diversión de la cultura imperante. Al exponer a la luz pública, como ha hecho el Wikileaks de Julian Assange, en sus pequeñeces y miserias, las interioridades de la vida política y diplomática, el periodismo ha contribuido a despojar de respetabilidad y seriedad un quehacer que, en el pasado, conservaba cierta aura mítica, de espacio fecundo para el heroísmo civil y las empresas audaces en favor de los derechos humanos, la justicia social, el progreso y la libertad. La frenética busca del escándalo y la chismografía barata que se encarniza con los políticos ha tenido como secuela en muchas democracias que lo que mejor conozca de ellos el gran público sea sólo lo peor que pueden exhibir. Y aquello que exhiben es, por lo general, el mismo penoso quehacer en que nuestra civilización ha convertido todo lo que toca: una comedia de fantoches capaces de valerse de las peores artimañas para ganarse el favor de un público ávido de diversión.

No se trata de un problema, porque los problemas tienen solución y éste no lo tiene. Es una realidad de la civilización de nuestro tiempo ante la cual no hay escapatoria. En teoría, la justicia debería fijar los límites a partir de los cuales una información deja de ser de interés público y transgrede el derecho a la privacidad de los ciudadanos. En la mayor parte de los países, un juicio semejante sólo está al alcance de estrellas y millonarios. Ningún ciudadano de a pie puede arriesgarse a un proceso que, además de asfixiarlo en un piélago litigioso, en caso de perder le costaría mucho dinero. Y, por otra parte, a menudo los jueces, con criterio respetable, se resisten a dar sentencias que parezcan restringir o abolir la libertad de expresión e información, garantía de la democracia.

El periodismo escandaloso es un perverso hijastro de la cultura de la libertad. No se lo puede suprimir sin infligir a la libertad de expresión una herida mortal. Como el remedio sería peor que la enfermedad, debemos soportarlo, como soportan ciertos tumores sus víctimas, porque saben que si trataran de extirparlos podrían perder la vida. No hemos llegado a esta situación por las maquinaciones tenebrosas de unos propietarios de periódicos o canales de televisión ávidos de ganar dinero, que explotan las bajas pasiones de la gente con total irresponsabilidad. Ésta es la consecuencia, no la causa.

Así se comprueba en estos días en Inglaterra, uno de los países más civilizados de la Tierra y donde se creía, hasta hace poco, que la política conservaba elevados estándares éticos y cívicos sólo empañados por ocasionales latrocinios y tráficos deshonestos de funcionarios aislados. El escándalo del que son protagonistas el poderoso Rupert Murdoch, dueño de un imperio de comunicaciones, News Corporation, y el diario londinense *News of the World,* que aquél se ha visto obligado a clausurar, pese a su inmensa popularidad, porque se descubrió que había delinquido interviniendo teléfonos de millares de personas, entre ellas miembros de la Casa Real y de una niña secuestrada, para alimentar la chismografía escandalosa que era el secreto de su éxito, ha mostrado hasta qué punto una prensa de esta índole puede tener un efecto nefasto sobre las instituciones y los políticos. *News of the World* tenía bajo sueldo a altos jefes de Scotland Yard, sobornaba a funcionarios y políticos, y utilizaba detectives privados para husmear en la intimidad de la gente famosa. Su poder era tan grande que ministros, funcionarios y hasta primeros ministros cortejaban a sus directores y ejecutivos, temerosos de que el diario los ensuciara involucrándolos en algún escándalo que malograra su reputación y su futuro.

Desde luego que es bueno que todo esto haya salido a la luz y ojalá la justicia imparta las sanciones pertinentes a los culpables. Pero dudo que, con este escarmiento, se erradique el mal, porque las raíces de éste se extienden muy profundamente en todos los estratos de la sociedad.

La raíz del fenómeno está en la cultura. Mejor dicho, en la banalización lúdica de la cultura imperante, en la que el valor supremo es ahora divertirse y divertir, por encima de toda otra forma de conocimiento o ideal. La gente abre un periódico, va al cine, enciende la televisión o compra un libro para pasarla bien, en el sentido más ligero de la palabra, no para martirizarse el cerebro con preocupaciones, problemas, dudas. Sólo para distraerse, olvidarse de las cosas serias, profundas, inquietantes y difíciles, y abandonarse en un devaneo ligero, amable, superficial, alegre y sanamente estúpido. ¿Y hay algo más divertido que espiar la intimidad del prójimo, sorprender a un ministro o un parlamentario en calzoncillos, averiguar los descarríos sexuales de un juez, comprobar el chapoteo en el lodo de quienes pasaban por respetables y modélicos?

La prensa sensacionalista no corrompe a nadie; nace corrompida por una cultura que, en vez de rechazar las groseras intromisiones en la vida privada de las gentes, las reclama, pues ese pasatiempo, olfatear la mugre ajena, hace más llevadera la jornada del puntual empleado, del aburrido profesional y la cansada ama de casa. La necedad ha pasado a ser la reina y señora de la vida posmoderna y la política es una de sus principales víctimas.

En la civilización del espectáculo acaso los papeles más denigrantes sean los que reservan los medios de comunicación a los políticos. Y ésta es otra de las razones por las que en el mundo contemporáneo haya tan pocos dirigentes y estadistas ejemplares —como un Nelson Mandela o una Aung San Suu Kyi— que merezcan la admiración universal.

Otra de las consecuencias de todo ello es la escasa o nula reacción del gran público hacia unos niveles de corrupción en los países desarrollados y en los llamados en vías de desarrollo, tanto en las sociedades autoritarias como en las democracias, que son tal vez los más elevados de la historia. La cultura esnob y pasota adormece cívica y moralmente a una sociedad que, de este modo, se vuelve cada vez más indulgente hacia los extravíos y excesos de quienes ocupan cargos públicos y ejercen cualquier tipo de poder. De otro lado, esta laxitud moral ocurre cuando la vida económica ha progresado tanto en todo el planeta y alcanzado tal grado de complejidad que la fiscalización del poder que puede ejercer la sociedad a través de la prensa independiente y la oposición es mucho más difícil que en el pasado. Y las cosas se agravan si el periodismo, en vez de ejercer su función fiscalizadora, se dedica sobre todo a entretener a sus lectores, oyentes y televidentes con escándalos y chismografías. Todo ello favorece una actitud tolerante o indiferente en el gran público hacia la inmoralidad.

En las últimas elecciones peruanas, el escritor Jorge Eduardo Benavides se asombró de que un taxista de Lima le dijera que iba a votar por Keiko Fujimori, la hija del dictador que cumple una pena de veinticinco años de prisión por robos y asesinatos. «¿A usted no le importa que el presidente Fujimori fuera un ladrón?», le preguntó al taxista. «No —repuso éste—, porque Fujimori sólo robó lo justo». ¡Lo justo! La expresión resume de manera insuperable todo lo que estoy tratando de explicar. La evaluación más confiable de los dineros sustraídos por Alberto Fujimori y su hombre fuerte, Vladimiro Montesinos, en sus diez años en el poder (1990-2000), hecha por la Procuraduría de la Nación, es de unos seis mil millones de dólares, de los cuales Suiza, Gran Caimán y Estados Unidos devolvieron hasta ahora al Perú apenas ciento ochenta y cuatro millones. No sólo aquel taxista pensaba que este volumen de robo era aceptable, pues, aunque la hija del dictador perdió las elecciones de 2011, estuvo a punto de ganarlas: Ollanta Humala la derrotó por la pequeña diferencia de tres puntos.

Nada desmoraliza tanto a una sociedad ni desacredita tanto a las instituciones como el hecho de que sus gobernantes, elegidos en comicios más o menos limpios, aprovechen el poder para enriquecerse burlando la fe pública depositada en ellos. En América Latina —también en otras regiones del mundo, desde luego— el factor más importante de criminalización de la actividad pública ha sido el narcotráfico. Es una industria que ha tenido una modernización y un crecimiento prodigiosos pues ha aprovechado mejor que ninguna otra la globalización para extender sus redes allende las fronteras, diversificarse, metamorfosearse y reciclarse en la legalidad. Sus enormes ganancias le han permitido infiltrarse en todos los sectores del Estado. Como puede pagar mejores salarios que éste, compra o soborna jueces, parlamentarios, ministros, policías, legisladores, burócratas, o ejercita intimidaciones y chantajes que, en muchos lugares, le garantizan la impunidad. Casi no hay día que en algún país latinoamericano no se descubra un nuevo caso de corrupción vinculado al narcotráfico. La cultura contemporánea hace que todo esto, en vez de movilizar el espíritu crítico de la sociedad y su voluntad de combatirlo, sea entrevisto y vivido por el gran público con la resignación y el fatalismo con que se aceptan los fenómenos naturales —los terremotos y *tsunamis*— y como una representación teatral que, aunque trágica y sangrienta, produce emociones fuertes y emulsiona la vida cotidiana.

Desde luego que la cultura no es la única culpable de la devaluación de la política y de la función pública. Otra razón del alejamiento de la vida política de los profesionales y técnicos mejor preparados es lo mal pagados que suelen estar los cargos públicos. Prácticamente en ningún país del mundo los salarios de una repartición oficial son comparables a los que llega a ganar en una empresa privada un joven con buenas credenciales y talento. La restricción en los sueldos de los empleados públicos es una medida que suele tener el respaldo de la opinión, sobre todo cuando la imagen del servidor del Estado está por los suelos, pero sus efectos resultan perjudiciales para el país. Esos bajos salarios son un incentivo para la corrupción. Y alejan de los organismos públicos a los ciudadanos de mejor formación y probidad, lo que significa que esos cargos se llenan a menudo de incompetentes y de personas de escasa moral.

Para que una democracia funcione a cabalidad es indispensable una burocracia capaz y honesta, como las que, en el pasado, hicieron la grandeza de Francia, Inglaterra o Japón, para citar sólo tres casos ejemplares. En todos ellos, hasta una época relativamente reciente, servir al Estado era un trabajo codiciado porque merecía respeto, honorabilidad y la conciencia de estar contribuyendo al progreso de la nación. Esos funcionarios, por lo general, recibían salarios dignos y cierta seguridad en lo concerniente a su futuro. Aunque muchos de ellos hubieran podido ganar más en empresas privadas, preferían el servicio público porque lo que dejaban de percibir en éste lo compensaba el hecho de que el trabajo que realizaban los hacía sentirse respetados, pues sus conciudadanos reconocían la importancia de la función que ejercían. En nuestros días, eso ha desaparecido casi por completo. El funcionario está tan desprestigiado como el político profesional y la opinión pública suele ver en él no una pieza clave del progreso sino una rémora y un parásito del Presupuesto. Desde luego que la inflación burocrática, el crecimiento irresponsable de funcionarios para pagar favores políticos y crearse clientelas adictas ha convertido a veces a la administración pública en un dédalo donde el menor trámite se convierte en una pesadilla para el ciudadano que carece de influencias y no puede o no quiere pagar coimas.

Pero es injusto generalizar y meter en un solo saco a todos cuando hay muchos que resisten la apatía y el pesimismo y demuestran con su discreto heroísmo que la democracia sí funciona.

Una creencia tan extendida como injusta es que a las democracias liberales las está minando la corrupción, que ésta acabará por realizar aquello que el difunto comunismo no logró: desplomarlas. ¿No se descubren a diario, en las antiguas y en las novísimas, asqueantes casos de gobernantes y funcionarios a quienes el poder político sirve para hacerse, a velocidades astronáuticas, con fortunas? ¿No son incontables los casos de jueces sobornados, contratos mal habidos, imperios económicos que tienen en sus planillas a militares, policías, ministros, aduaneros? ¿No llega la putrefacción del sistema a grados tales que sólo queda resignarse, aceptar que la sociedad es y será una selva donde las fieras se comerán siempre a los corderos?

Es esta actitud pesimista y cínica, no la extendida corrupción, la que puede efectivamente acabar con las democracias liberales, convirtiéndolas en un cascarón vacío de sustancia y verdad, eso que los marxistas ridiculizaban con el apelativo de democracia «formal». Es una actitud en muchos casos inconsciente, que se traduce en desinterés y apatía hacia la vida pública, escepticismo hacia las instituciones, reticencia a ponerlas a prueba. Cuando secciones considerables de una sociedad devastada por la inconsecuencia sucumben al catastrofismo y la anomia cívica, el campo queda libre para los lobos y las hienas.

No hay una razón fatídica para que esto ocurra. El sistema democrático no garantiza que la deshonestidad y la picardía se evaporen de las relaciones humanas; pero establece unos mecanismos para minimizar sus estropicios, detectar, denunciar y sancionar a quienes se valen de ellas para escalar posiciones o enriquecerse, y, lo más importante de todo, para reformar el sistema de manera que aquellos delitos entrañen cada vez más riesgos para quienes los cometen.

No hay democracia en nuestros días en que las nuevas generaciones aspiren a servir al Estado con el entusiasmo con que hasta hace pocos años los jóvenes idealistas del Tercer Mundo se entregaban a la acción revolucionaria. Esa entrega llevó a las montañas y selvas de casi toda América Latina en los años sesenta y setenta a centenares de muchachos que veían en la revolución socialista un ideal digno de sacrificarle la vida. Estaban equivocados creyendo que el comunismo era preferible a la democracia, desde luego, pero no se les puede negar una conducta consecuente con un ideal. En otras regiones del mundo, como Afganistán, Pakistán o Irak, jóvenes impregnados de integrismo islámico ofrendan en nuestros días sus vidas convirtiéndose en bombas humanas para hacer desaparecer a decenas de inocentes en mercados, ómnibus y oficinas, convencidos de que esas inmolaciones purificarán el mundo de sacrílegos, concupiscentes y cruzados. Desde luego que semejante locura terrorista merece condena y repudio.

Pero, lo que en nuestros días está ocurriendo en el Medio Oriente, ¿no nos devuelve el entusiasmo al mostrar que la cultura de la libertad está viva y es capaz de dar a la historia un vuelco radical en una región donde aquello parecía poco menos que imposible?

El alzamiento de los pueblos árabes contra las corrompidas satrapías que los explotaban y mantenían en el oscurantismo ha derribado ya a tres tiranos, el egipcio Mubarak, el tunecino Ben Ali y el libio Muamar el Gadafi. Todo el resto de regímenes autoritarios de la región, empezando por Siria, se encuentra amenazado por ese despertar de millones de hombres y mujeres que aspiran a salir del autoritarismo, la censura, el saqueo de las riquezas, a encontrar trabajo y vivir sin miedo, en paz y libertad, aprovechando la modernidad.

Éste es un movimiento generoso, idealista, antiautoritario, popular y profundamente democrático. Nació laico y civil y no ha sido liderado ni capturado por los sectores integristas —no todavía, por lo menos— que quisieran reemplazar las dictaduras militares por dictaduras religiosas. Para evitarlo es indispensable que las democracias occidentales muestren su solidaridad y su apoyo activo a quienes hoy día en todo el Medio Oriente luchan y mueren por vivir en libertad.

Ahora bien, frente a lo que ocurre allí, preguntémonos: ¿cuántos jóvenes occidentales estarían hoy dispuestos a arrostrar el martirio por la cultura democrática como lo han hecho o están haciendo los libios, tunecinos, egipcios, yemenitas, sirios y otros? ¿Cuántos, que gozan del privilegio de vivir en sociedades abiertas, amparados por un Estado de derecho, arriesgarían sus vidas en defensa de ese tipo de sociedad? Muy pocos, por la sencilla razón de que la sociedad democrática y liberal, pese a haber creado los más altos niveles de vida de la historia y reducido más la violencia social, la explotación y la discriminación, en vez de despertar adhesiones entusiastas, suele provocar a sus beneficiarios aburrimiento y desdén cuando no una hostilidad sistemática.

Por ejemplo, entre los artistas e intelectuales. Comencé a escribir estas líneas en momentos en que, en la dictadura cubana, un disidente, Orlando Zapata, se había dejado morir después de ochenta y cinco días de huelga de hambre protestando por la situación de los presos políticos en la isla, y otro, Guillermo Fariñas, agonizaba después de varias semanas de privación de alimentos. En esos días leí en la prensa española insultos contra ellos de un actor y un cantante, ambos famosos, que, repitiendo las consignas de la dictadura caribeña, los llamaban «delincuentes». Ninguno de ellos veía la diferencia entre Cuba y España en materia de represión política y falta de libertad. ¿Cómo explicar semejantes actitudes? ¿Fanatismo? ¿Ignorancia? ¿Simple estupidez? No. Frivolidad. Los bufones y los cómicos, convertidos en *maîtres à penser* —directores de conciencia— de la sociedad contemporánea, opinan como lo que son: ¿qué hay de raro en eso? Sus opiniones parecen responder a supuestas ideas progresistas pero, en verdad, repiten un guion esnobista de izquierda: agitar el cotarro, dar que hablar.

No es malo que los principales privilegiados de la libertad critiquen a las sociedades abiertas, en las que hay muchas cosas criticables; sí que lo hagan tomando partido por quienes quieren destruirlas y sustituirlas por regímenes autoritarios como Venezuela o Cuba. La traición de muchos artistas e intelectuales a los ideales democráticos no lo es a principios abstractos, sino a miles y millones de personas de carne y hueso que, bajo las dictaduras, resisten y luchan por alcanzar la libertad. Pero lo más triste es que esta traición a las víctimas no responda a principios y convicciones, sino a oportunismo profesional y a poses, gestos y desplantes de circunstancias. Muchos artistas e intelectuales de nuestro tiempo se han vuelto muy baratos.

Un aspecto neurálgico de nuestra época que concurre a debilitar la democracia es el desapego a la ley, otra de las gravísimas secuelas de la civilización del espectáculo.

Atención, no hay que confundir este desapego a la ley con la actitud rebelde o revolucionaria de quienes quieren destruir el orden legal existente porque lo consideran intolerable y aspiran a reemplazarlo con otro más equitativo y justo. El desapego a la ley no tiene nada que ver con esta voluntad reformista o revolucionaria, en la que anida una esperanza de cambio y la apuesta por una sociedad mejor. Esas actitudes en la cultura de nuestro tiempo se han extinguido prácticamente con el gran fracaso de los países comunistas cuyo final selló la caída del Muro de Berlín en 1989, la desaparición de la Unión Soviética y la conversión de China Popular en un país de economía capitalista pero de política vertical y autoritaria. Quedan desde luego, aquí y allá, herederos de esa rota utopía, pero se trata de grupos y grupúsculos minoritarios sin mayor perspectiva de futuro. Los últimos países comunistas del planeta, Cuba y Corea del Norte, son dos anacronismos vivientes, países de museo, que no pueden servir a nadie de modelo. Y casos como la Venezuela del comandante Hugo Chávez, que se debate ahora, pese a sus cuantiosas reservas de petróleo, en una crisis económica sin precedentes, mal podría servir para resucitar en el mundo el modelo comunista que en los años sesenta y setenta llegó a entusiasmar a importantes sectores del Primer y Tercer Mundo.

El desapego a la ley ha nacido en el seno de los Estados de derecho, y consiste en una actitud cívica de desprecio o desdén del orden legal existente y una indiferencia y anomia moral que autoriza al ciudadano a transgredir y burlar la ley cuantas veces puede para beneficiarse con ello, lucrando, sobre todo, pero también, muchas veces, simplemente para manifestar su desprecio, incredulidad o burla hacia el orden existente. No son pocos los que, en la era de la civilización entretenida, violan la ley para divertirse, como quien practica un deporte de riesgo.

Una explicación que se da para el desapego a la ley es que a menudo las leyes están mal hechas, dictadas no para favorecer el bien común sino intereses particulares, o concebidas con tanta torpeza que los ciudadanos se ven incitados a esquivarlas. Es obvio que si un gobierno abruma abusivamente de impuestos a los contribuyentes éstos se ven tentados a evadir sus obligaciones tributarias. Las malas leyes no sólo van en contra de los intereses de los ciudadanos comunes y corrientes; además, desprestigian el sistema legal y fomentan ese desapego a la ley que, como un veneno, corroe el Estado de derecho. Siempre ha habido malos gobiernos y siempre ha habido leyes disparatadas o injustas. Pero, en una sociedad democrática, a diferencia de una dictadura, hay maneras de denunciar, combatir y corregir esos extravíos a través de los mecanismos de participación del sistema: la libertad de prensa, el derecho de crítica, el periodismo independiente, los partidos de oposición, las elecciones, la movilización de la opinión pública, los tribunales. Pero para que ello ocurra es imprescindible que el sistema democrático cuente con la confianza y el sostén de los ciudadanos, que, no importa cuántas sean sus fallas, les parezca siempre perfectible. El desapego a la ley resulta de un desplome de esta confianza, de la sensación de que es el sistema mismo el que está podrido y que las malas leyes que produce no son excepciones sino consecuencia inevitable de la corrupción y los tráficos que constituyen su razón de ser. Una de las consecuencias directas de la devaluación de la política por obra de la civilización del espectáculo es el desapego a la ley.

Recuerdo que una de las impresiones mayores que tuve, en 1966, cuando fui a vivir en Inglaterra —había pasado los siete años anteriores en Francia—, fue descubrir ese respeto, podría decir natural —espontáneo, instintivo y racional a la vez—, del inglés común y corriente por la ley. La explicación parecía ser la creencia firmemente arraigada en la ciudadanía de que, por lo general, las leyes estaban bien concebidas, que su finalidad y fuente de inspiración era el bien común, y que, por lo mismo, tenían una legitimidad *moral:* que, por lo tanto, aquello que la ley autorizaba estaba bien y era bueno y que lo que ella prohibía estaba mal y era malo. Me sorprendió porque ni en Francia, España, el Perú o Bolivia, países en los que había vivido antes, percibí algo semejante. Esa identificación de la ley y la moral es una característica anglosajona y protestante, no suele existir en los países latinos ni hispanos. En estos últimos los ciudadanos tienden más a resignarse a la ley que a ver en ella la encarnación de principios morales y religiosos, a considerar la ley como un cuerpo ajeno (no necesariamente hostil ni antagónico) a sus creencias espirituales.

De todas maneras, si aquella distinción era cierta en los barrios en que yo viví en Londres, probablemente ya no lo sea en la actualidad donde, en gran parte gracias a la globalización, el desapego a la ley ha igualado a países anglosajones con los latinos e hispanos.

El desapego presupone que las leyes son obra de un poder que no tiene otra razón de ser que servirse a sí mismo, es decir, a quienes lo encarnan y administran, y que, por lo tanto, las leyes, reglamentos y disposiciones que emanan de él están lastrados de egoísmo e intereses particulares y de grupo, lo que exonera moralmente al ciudadano común y corriente de su cumplimiento. La mayoría suele acatar la ley porque no tiene más remedio que hacerlo, por miedo, es decir, por la percepción de que hay más perjuicio que beneficio en tratar de violentar las normas, pero esa actitud debilita tanto la legitimidad y la fuerza de un orden legal como la de quienes delinquen violentándolo. Lo que quiere decir que, en lo que se refiere a la obediencia a la ley, la civilización contemporánea representa también un simulacro, que, en muchos lugares y a menudo, se convierte en pura farsa.

Y en ningún otro campo se ve mejor este generalizado desapego a la ley en nuestro tiempo que en el reinado por doquier de la piratería de libros, discos, videos y demás productos audiovisuales, principalmente la música, que, casi sin obstáculos y hasta, se diría, con el beneplácito general, ha echado raíces en todos los países de la Tierra.

En el Perú, por ejemplo, la piratería de videos y películas hizo quebrar a la cadena Blockbuster y desde entonces los aficionados peruanos a ver películas en televisión aunque quisieran no podrían adquirir DVD legales porque casi no existen en el mercado, salvo en algunos escasos almacenes, que importan algunos títulos y los venden carísimos. El país entero se aprovisiona de películas piratas, principalmente en el extraordinario mercado limeño de Polvos Azules donde, a la vista de todo el mundo —incluidos los policías que cuidan el local de los asaltos de los ladrones—, venden diariamente por pocos soles —centavos de dólares— millares de videos y DVD piratas de películas clásicas o modernas, muchas que ni siquiera han llegado todavía a los cines de la ciudad. La industria pirata es tan eficiente que, si el cliente no encuentra la película que busca, la encarga y a los pocos días la tiene en su poder. Cito el caso de Polvos Azules por la enormidad del lugar y su eficacia comercial. Se ha convertido en un atractivo turístico. Hay gente que viene desde Chile y Argentina a aprovisionarse de películas piratas a Lima para enriquecer su videoteca particular. Pero este mercado no es el único lugar donde la piratería prospera a ojos vista y en la complacencia general. ¿Quién rehusaría comprar películas piratas que cuestan medio dólar si las legales (que casi ni se encuentran) valen cinco veces más? Ahora los vendedores de DVD piratas están por todas partes y conozco personas que las encargan a sus «caseros» por teléfono pues hay también servicio a domicilio. Quienes nos resistimos por una cuestión de principio a comprar películas piratas somos un puñadito ínfimo de personas y (no sin cierta razón) se nos considera unos imbéciles.

Lo mismo que con los DVD ocurre con los libros. La piratería editorial ha prosperado de manera notable, sobre todo en el mundo subdesarrollado, y las campañas contra ella que hacen los editores y las Cámaras del Libro suelen fracasar estrepitosamente, por el escaso o nulo apoyo que reciben de los gobiernos y, sobre todo, de la población, que no tiene escrúpulo alguno de comprar libros ilegales, alegando el bajo precio a que se venden comparados con el libro legítimo. En Lima, un escritor, crítico y profesor universitario hizo públicamente el elogio de la piratería editorial, alegando que gracias a ella los libros llegaban al pueblo. El robo que la piratería significa contra el editor legítimo, el autor y el Estado a quien el editor pirata burla impuestos, no es tomado en cuenta para nada por la sencilla razón de la generalizada indiferencia respecto a la legalidad. La piratería editorial comenzó siendo una industria artesanal, pero, gracias a la impunidad de la que goza, se ha modernizado al punto de que no se puede descartar que, en países como el Perú, ocurra con los libros lo que ha ocurrido con las películas de DVD: que los piratas quiebren a los editores legales y se queden dueños del mercado. Alfaguara, la editorial que me publica, calcula que por cada libro mío legítimo que se vende en el Perú, se venden seis o siete piratas. (Una de las ediciones piratas de mi novela *La Fiesta del Chivo* se imprimió ¡en la imprenta del Ejército!)

Pero todavía peor que el caso de las películas y los libros es el de la música. No sólo por la proliferación de CD piratas, sino por la ligereza y total impunidad con que los usuarios de Internet descuelgan canciones, conciertos y discos de la Red. Todas las campañas para atajar la piratería en el dominio de la música han sido inútiles y, de hecho, muchas empresas discográficas han quebrado o están al borde de la ruina por esa competencia desleal que el público, en flagrante manifestación de desapego a la ley, mantiene viva y creciendo.

Lo que digo respecto a las películas, discos, libros y música en general vale también, por supuesto, para un sinnúmero de productos manufacturados, perfumes, vestidos, zapatos. Una de las últimas veces que estuve en Roma debí acompañar a unos amigos turistas a un gran «mercado de imitaciones» (piratas de ropa y zapatos de grandes marcas) que, con etiqueta y todo, se vendían a la cuarta o quinta parte de las piezas legítimas. De manera que ese desapego a la ley no es sólo predisposición del Tercer Mundo. También en el Primero comienza a hacer estragos y amenaza la supervivencia de las industrias y comercios que operan dentro de la legalidad.

El desapego a la ley nos lleva de manera inevitable a una dimensión más espiritual de la vida en sociedad. El gran desprestigio de la política se relaciona sin duda con el quiebre del orden espiritual que, en el pasado, por lo menos en el mundo occidental, hacía las veces de freno a los desbordes y excesos que cometían los dueños del poder. Al desaparecer aquella tutela espiritual de la vida pública, en ésta prosperaron todos aquellos demonios que han degradado la política e inducido a los ciudadanos a no ver en ella nada noble y altruista, sino un quehacer dominado por la deshonestidad.

La cultura debería llenar ese vacío que antaño ocupaba la religión. Pero es imposible que ello ocurra si la cultura, traicionando esa responsabilidad, se orienta resueltamente hacia la facilidad, rehúye los problemas más urgentes y se vuelve mero entretenimiento.

Antecedentes

Piedra de Toque
Lo privado y lo público

Desde que comencé a leer sus libros y artículos, debe hacer de eso unos treinta años, me pasa con Fernando Savater algo que no me ocurre con ningún otro de los escritores que prefiero: que casi nunca discrepo con sus juicios y críticas. Sus razones, generalmente, me convencen de inmediato, aunque para ello deba rectificar radicalmente lo que hasta entonces creía.

Opine de política, de literatura, de ética y hasta de caballos (sobre los que no sé nada, salvo que nunca acerté una sola apuesta las raras veces que he pisado un hipódromo), Savater me ha parecido siempre un modelo de intelectual comprometido, a la vez principista y pragmático, uno de esos raros pensadores contemporáneos capaces de ver siempre claro en el intrincado bosque que es este siglo XXI y de orientarnos a encontrar el camino perdido a los que andamos algo extraviados.

Todo esto viene a cuento de un artículo suyo sobre Wikileaks y Julian Assange que acabo de leer en la revista Tiempo *(número del 23 de diciembre de 2010 al 6 de enero de 2011). Ruego encarecidamente a quienes han celebrado la difusión de los miles de documentos confidenciales del Departamento de Estado de los Estados Unidos como una proeza de la libertad, que lean este artículo que rezuma inteligencia, valentía y sensatez. Si no los hace cambiar de opinión, es seguro que por lo menos los llevará a reflexionar y preguntarse si su entusiasmo no era algo precipitado.*

Savater comprueba que en esa vasta colección de materiales filtrados no hay prácticamente revelaciones importantes, que las informaciones y opiniones confidenciales que han salido a la luz eran ya sabidas o presumibles por cualquier observador de la actualidad política más o menos informado, y que lo que prevalece en ellas es sobre todo una chismografía destinada a saciar esa frivolidad que, bajo el respetable membrete de transparencia, es en verdad el entronizado «derecho de todos a saberlo todo: que no haya secretos y reservas que puedan contrariar la curiosidad de alguien [...] caiga quien caiga y perdamos en el camino lo que perdamos». Ese supuesto «derecho» es, añade, «parte de la actual imbecilización social». Suscribo esta afirmación con puntos y comas.

La revolución audiovisual de nuestro tiempo ha violentado las barreras que la censura oponía a la libre información y a la disidencia crítica y gracias a ello los regímenes autoritarios tienen muchas menos posibilidades que en el pasado de mantener a sus pueblos en la ignorancia y de manipular a la opinión pública. Eso, desde luego, constituye un gran progreso para la cultura de la libertad y hay que aprovecharlo. Pero de allí a concluir que la prodigiosa transformación de las comunicaciones que ha significado Internet autoriza a los internautas a saberlo todo y divulgar todo lo que ocurre bajo el sol (o bajo la luna), haciendo desaparecer de una vez por todas la demarcación entre lo público y lo privado, hay un abismo que, si lo abolimos, podría significar no una hazaña libertaria sino pura y simplemente un liberticidio que, además de socavar los cimientos de la democracia, infligiría un rudo golpe a la civilización.

Ninguna democracia podría funcionar si desapareciera la confidencialidad de las comunicaciones entre funcionarios y autoridades ni tendría consistencia nin-

guna forma de política en los campos de la diplomacia, la defensa, la seguridad, el orden público y hasta la economía si los procesos que determinan esas políticas fueran expuestos totalmente a la luz pública en todas sus instancias. El resultado de semejante exhibicionismo informativo sería la parálisis de las instituciones y facilitaría a las organizaciones antidemocráticas el trabar y anular todas las iniciativas reñidas con sus designios autoritarios. El libertinaje informativo no tiene nada que ver con la libertad de expresión y está más bien en sus antípodas.

Este libertinaje es posible sólo en las sociedades abiertas, no en las que están sometidas a un control policíaco vertical que sanciona con ferocidad todo intento de violentar la censura. No es casual que los doscientos cincuenta mil documentos confidenciales que Wikileaks ha obtenido procedan de infidentes de los Estados Unidos y no de Rusia ni de China. Aunque las intenciones del señor Julian Assange respondan, como se ha dicho, al sueño utópico y anarquista de la transparencia total, a donde pueden conducir más bien sus operaciones para poner fin al «secreto» es a que, en las sociedades abiertas, surjan corrientes de opinión que, con el argumento de defender la indispensable confidencialidad en el seno de los Estados, propongan frenos y limitaciones a uno de los derechos más importantes de la vida democrática: el de la libre expresión y la crítica.

En una sociedad libre la acción de los gobiernos está fiscalizada por el Congreso, el Poder Judicial, la prensa independiente y de oposición, los partidos políticos, instituciones que, desde luego, tienen todo el derecho del mundo de denunciar los engaños y mentiras a los que a veces recurren ciertas autoridades para encubrir acciones y tráficos ilegales. Pero lo que ha hecho Wikileaks no es nada de esto, sino destruir brutalmente la privacidad de las comunicaciones en las que los diplomáticos y agregados informan a sus superiores sobre las intimidades políticas, económicas, culturales y sociales de los países donde sirven. Gran parte de ese material está conformado por datos y comentarios cuya difusión, aunque no tenga mayor trascendencia, sí crea situaciones enormemente delicadas a aquellos funcionarios y provoca susceptibilidades, rencores y resentimientos que sólo sirven para dañar las relaciones entre países aliados y desprestigiar a sus gobiernos. No se trata, pues, de combatir una «mentira», sino, en efecto, de satisfacer esa curiosidad morbosa y malsana de la civilización del espectáculo, que es la de nuestro tiempo, donde el periodismo (como la cultura en general) parece desarrollarse guiado por el designio único de entretener. El señor Julian Assange, más que un gran luchador libertario, es un exitoso entertainer *o animador, el Oprah Winfrey de la información.*

Si no existiera, nuestro tiempo lo hubiera creado tarde o temprano, porque este personaje es el símbolo emblemático de una cultura donde el valor supremo de la información ha pasado a ser la de divertir a un público necio y superficial, ávido de escándalos que escarban en la intimidad de los famosos, muestran sus debilidades y enredos y los convierten en los bufones de la gran farsa que es la vida pública. Aunque, tal vez, hablar de «vida pública» sea ya inexacto, pues, para que ella exista debería existir también su contrapartida, la «vida privada», algo que prácticamente ha ido desapareciendo hasta quedar convertido en un concepto vacío y fuera de uso.

¿Qué es lo privado en nuestros días? Una de las involuntarias consecuencias de la revolución informática es haber volatilizado las fronteras que lo separaban

de lo público y haber confundido a ambos en un happening *en el que todos somos a la vez espectadores y actores, en el que recíprocamente nos lucimos exhibiendo nuestra vida privada y nos divertimos observando la ajena en un* strip tease *generalizado en el que nada ha quedado ya a salvo de la morbosa curiosidad de un público depravado por la necedad.*

La desaparición de lo privado, el que nadie respete la intimidad ajena, el que ella se haya convertido en una parodia que excita el interés general y haya una industria informativa que alimente sin tregua y sin límites ese voyerismo universal, es una manifestación de barbarie. Pues con la desaparición del dominio de lo privado muchas de las mejores creaciones y funciones de lo humano se deterioran y envilecen, empezando por todo aquello que está subordinado al cuidado de ciertas formas, como el erotismo, el amor, la amistad, el pudor, las maneras, la creación artística, lo sagrado y la moral.

Que los gobiernos elegidos en comicios legítimos puedan ser derribados por revoluciones que quieren traer el paraíso a la tierra (aunque a menudo traigan más bien el infierno), qué remedio. O que lleguen a surgir conflictos y hasta guerras sanguinarias entre países que defienden religiones, ideologías o ambiciones incompatibles, qué desgracia. Pero que semejantes tragedias puedan llegar a ocurrir porque nuestros privilegiados contemporáneos se aburren y necesitan diversiones fuertes y un internauta zahorí como Julian Assange les da lo que piden, no, no es posible ni aceptable.

El País, *Madrid, 16 de enero de 2011*

VI. El opio del pueblo

Contrariamente a lo que los librepensadores, agnósticos y ateos de los siglos XIX y XX imaginaban, en la era posmoderna la religión no está muerta y enterrada ni ha pasado al desván de las cosas inservibles: vive y colea, en el centro de la actualidad.

No hay manera de saber, desde luego, si el fervor de creyentes y practicantes de las distintas religiones que existen en el mundo ha aumentado o decrecido. Pero nadie puede negar la presencia que ocupa el tema religioso en la vida social, política y cultural contemporánea, probablemente tanto o más grande que en el siglo XIX, cuando las luchas intelectuales y cívicas a favor o en contra del laicismo eran preocupación central en gran número de países a ambos lados del Atlántico.

Por lo pronto, el gran protagonista de la política actual, el terrorista suicida, visceralmente ligado a la religión, es un subproducto de la versión más integrista y fanática del islamismo. El combate de Al-Qaeda y su líder, el difunto Osama bin Laden, no lo olvidemos, es ante todo religioso, una ofensiva purificadora contra los malos musulmanes y renegados del islam, así como contra los infieles, nazarenos (cristianos) y degenerados de Occidente encabezados por el Gran Satán, los Estados Unidos. En el mundo árabe la confrontación que más violencias ha generado tiene un carácter inequívocamente religioso y el terrorismo islamista ha hecho hasta ahora más víctimas entre los propios musulmanes que entre los creyentes de otras religiones. Sobre todo si se tiene en cuenta el número de iraquíes muertos o mutilados por acción de los grupos extremistas chiíes y suníes y los asesinados en Afganistán por los talibanes, movimiento integrista que nació en las madrazas o escuelas religiosas afganas y paquistaníes, y que, al igual que Al-Qaeda, no ha vacilado nunca en asesinar a musulmanes que no comparten su puritanismo integrista.

Las divisiones y conflictos diversos que recorren a las sociedades musulmanas no han contribuido en lo más mínimo a atenuar la influencia de la religión en la vida de los pueblos sino a exacerbarla. En todo caso, no es el laicismo el que ha ganado terreno; más bien, en países como el Líbano y Palestina, los focos laicistas se han encogido en los últimos años con el crecimiento como fuerzas políticas del Hezbolá («El Partido de Dios») libanés y de Hamás, que obtuvo el control de la Franja de Gaza en limpias elecciones. Estos partidos, al igual que la Yihad Islámica palestina, tienen un origen fundamentalmente religioso. Y, en las primeras elecciones libres que han celebrado en su historia Túnez y Egipto, la mayoría de los votos ha favorecido a los partidos islámicos (más bien moderados).

Si esto ocurre en el seno del islam, no se puede decir que la convivencia entre las distintas denominaciones, iglesias y sectas cristianas sea siempre pacífica. En Irlanda del Norte la lucha entre la mayoría protestante y la minoría católica, ahora interrumpida (ojalá que para siempre), ha dejado una abrumadora cantidad de muertos y heridos por las acciones criminales de los extremistas de ambos bandos. También en este caso el conflicto político entre unionistas e independentistas ha ido acompañado de un simultáneo y más profundo antagonismo religioso, como entre las facciones adversarias del islam.

El catolicismo vive en su seno grandes conflictos. Hasta hace algunos años, el más intenso era entre los tradicionalistas y los progresistas promotores de la Teología de la Liberación, pugna que luego de la entronización de dos pontífices de línea conservadora —Juan Pablo II y Benedicto XVI— parece haberse resuelto, por el momento, con el acorralamiento (no la derrota) de esta última tendencia. Ahora, el problema más agudo que enfrenta la Iglesia católica es la revelación de una poderosa tradición de violaciones y pedofilia en colegios, seminarios, albergues y parroquias, truculenta realidad señalada hacía años por indicios y sospechas que, durante mucho tiempo, la Iglesia consiguió silenciar. Pero, en los últimos años, debido a acciones y denuncias judiciales de las propias víctimas, estos abusos sexuales han ido saliendo a la luz de manera tan numerosa que no se puede hablar de casos aislados sino de prácticas muy extendidas en el espacio y en el tiempo. El hecho ha causado escalofríos en el mundo entero, sobre todo entre los propios fieles. La aparición de testimonios de millares de víctimas en casi todos los países católicos llevó a la Iglesia en ciertos lugares, como Irlanda y los Estados Unidos, al borde de la quiebra por las elevadísimas sumas que se ha visto obligada a gastar defendiéndose ante los tribunales o pagando daños y perjuicios a las víctimas de violaciones y maltratos sexuales cometidos por sacerdotes. Pese a sus protestas, resulta evidente que parte al menos de la jerarquía eclesiástica —las acusaciones en este sentido han alcanzado al propio pontífice— se hizo cómplice de los religiosos pedófilos y violadores, protegiéndolos, negándose a denunciarlos a las autoridades, y limitándose a cambiarlos de destino sin apartarlos de sus tareas sacerdotales, incluida la enseñanza de menores. La severísima condena por parte del papa Benedicto XVI de los Legionarios de Cristo, a los que ha declarado en reorganización integral, y de su fundador, el padre Marcial Maciel, mexicano, bígamo, incestuoso, estafador, estuprador de niños y niñas, incluido uno de sus propios hijos —un personaje que parece escapado de las novelas del marqués de Sade—, no acaba de borrar las sombras que todo ello ha echado sobre una de las más importantes religiones del mundo.

¿Ha contribuido todo este escándalo a mermar la influencia de la Iglesia católica? No me atrevería a afirmarlo. Es verdad que en muchos países los seminarios se cierran por falta de novicios y que, comparados con los de antaño, las limosnas, donaciones, herencias y legados que recibía la Iglesia han disminuido. Pero, en un sentido no numérico, se diría que las dificultades han aguzado la energía y militancia de los católicos, que nunca han estado más activos en sus campañas sociales, manifestándose contra los matrimonios gays, la legalización del aborto, las prácticas anticonceptivas, la eutanasia y el laicismo. En países como España la movilización católica —tanto de la jerarquía como de las organizaciones seculares de la Iglesia—, de impresionante amplitud, alcanza por momentos una virulencia que de ningún modo se podría considerar la de una Iglesia en retirada o contra las cuerdas. El poder político y social que en la mayor parte de los países latinoamericanos ejerce la Iglesia católica sigue incólume y a ello se debe que, en materia de libertad sexual y liberación de la mujer, los avances sean mínimos. En la gran mayoría de países iberoamericanos, la Iglesia católica ha conseguido que la «píldora» y la «píldora del día siguiente» sigan siendo ilegales, así como toda forma de prácticas anticonceptivas. La prohibición, claro está, sólo es efectiva para las mujeres pobres pues de la clase media para arriba los anticonceptivos, así como el aborto, se practican de manera extendida pese a la prohibición legal.

Cosa parecida puede decirse de las iglesias protestantes. Ellas, con apoyo de los católicos muchas veces, han tomado la iniciativa en Estados Unidos de movilizarse para que la enseñanza escolar se ajuste a los postulados de la Biblia, y quede abolida de los programas la teoría de Darwin sobre la selección de las especies y la evolución, y se la reemplace por el «creacionismo», o «diseño inteligente», postura anticientífica que, por anacrónica y oscurantista que parezca, no es imposible que llegue a prevalecer en ciertos estados norteamericanos donde la influencia religiosa es muy grande en el campo político.

De otro lado, la ofensiva misionera protestante en América Latina y otras regiones del Tercer Mundo es enorme, resuelta, y ha obtenido resultados notables. Las iglesias evangélicas han desplazado en muchos lugares apartados y marginales, de extrema pobreza, al catolicismo, que, por falta de sacerdotes o merma del fervor misionero, ha cedido terreno a las impetuosas iglesias protestantes. Éstas tienen buena acogida entre las mujeres por su prohibición del alcohol y su exigencia de entrega constante a las prácticas religiosas de los conversos, lo que contribuye a la estabilidad de las familias y mantiene a los maridos alejados de cantinas y burdeles.

La verdad es que en casi todos los conflictos más sangrientos de los últimos tiempos —Israel/Palestina, la guerra de los Balcanes, las violencias de Chechenia, los incidentes en China en la región de Xinjiang, donde ha habido levantamientos de los uigures, de religión musulmana, las matanzas entre hindúes y musulmanes en la India, los choques entre ésta y Pakistán, etcétera— la religión asoma como la razón profunda del conflicto y de la división social que está detrás de la sangría.

El caso de la URSS y los países satélites es instructivo. Al desplomarse el comunismo, luego de setenta años de persecución a las iglesias y prédica atea, la religión no sólo no ha desaparecido, sino que renació y volvió a ocupar un lugar prominente en la vida social. Ha ocurrido en Rusia, donde de nuevo se llenan las iglesias y reaparecen los popes en el mundo oficial y por doquier, y en las antiguas sociedades que estuvieron bajo el control soviético. Al desplomarse el comunismo, la religión, ortodoxa o católica, florece de nuevo, lo que indica que nunca desapareció, sólo se mantuvo adormecida y oculta para resistir el asedio, contando siempre con el apoyo discreto de vastos sectores de la sociedad. El renacer de la Iglesia ortodoxa rusa es impresionante. Los gobiernos bajo la presidencia de Putin, y luego de Medvédev, han comenzado a devolver las iglesias y propiedades religiosas confiscadas por los bolcheviques y está en proceso incluso la devolución de las catedrales del Kremlin, así como conventos, escuelas, obras de arte y cementerios que antaño pertenecieron a la Iglesia. Se calcula que, desde la caída del comunismo, el número de fieles ortodoxos se ha triplicado en toda Rusia.

La religión, pues, no da señales de eclipsarse. Todo indica que tiene vida para rato. ¿Es esto bueno o malo para la cultura y la libertad?

La respuesta a esta pregunta del científico británico Richard Dawkins, quien ha publicado un libro contra la religión y en defensa del ateísmo —*The God Delusion*—, así como la del periodista y ensayista Christopher Hitchens, autor de otro libro reciente titulado significativamente *Dios no es bueno. Alegatos contra la religión,* no deja dudas. Pero en la reciente polémica que ambos protagonizaron actualizando los antiguos cargos de oscurantismo, superstición, irracionalidad, discriminación de género, autoritarismo y conservadurismo retrógrado contra las religiones, hubo también numerosos científicos, como el premio Nobel de Física Charles Tornes (que patrocina la tesis del «diseño inteligente»), y publicistas que, con no menos entusiasmo, defienden sus creencias religiosas y refutan los argumentos según los cuales la fe en Dios y la práctica religiosa son incompatibles con la modernidad, el progreso, la libertad y los descubrimientos y verdades de la ciencia contemporánea.

Ésta no es una polémica que se pueda ganar o perder con razones, porque a éstas antecede siempre un *parti pris:* un acto de fe. No hay manera de demostrar racionalmente que Dios exista o no exista. Cualquier razonamiento a favor de una tesis tiene su equivalente en la contraria, de modo que en torno a este asunto todo análisis o discusión que quiera confinarse en el campo de las ideas y razones debe comenzar por excluir la premisa metafísica y teológica —la existencia o inexistencia de Dios— y concentrarse en las secuelas y consecuencias que de aquélla se derivan: la función de iglesias y religiones en el desenvolvimiento histórico y la vida cultural de los pueblos, asunto que sí está dentro de lo verificable por la razón humana.

Un dato fundamental a tener en cuenta es que la creencia en un ser supremo, creador de lo que existe, y en otra vida que antecede y sigue a la terrenal, forma parte de todas las culturas y civilizaciones que se conocen. No hay excepciones a esta regla. Todas tienen su dios o sus dioses y todas confían en otra vida después de la muerte, aunque las características de esta trascendencia varíen hasta el infinito según el tiempo y el lugar. ¿A qué se debe que los seres humanos de todas las épocas y geografías hayan hecho suya esta creencia? Los ateos responden de inmediato: a la ignorancia y al miedo a la muerte. Hombres y mujeres, no importa cuál sea su grado de información o de cultura, de lo más primitivo a lo más refinado, no se resignan a la idea de la extinción definitiva, a que su existencia sea un hecho pasajero y accidental, y, por ello, necesitan que haya otra vida y un ser supremo que la presida. La fuerza de la religión es tanto mayor cuanto más grande sea la ignorancia de una comunidad. Cuando el conocimiento científico va limpiando las legañas y supersticiones de la mente humana y reemplazándolas con verdades objetivas, toda la construcción artificial de los cultos y creencias con que el primitivo trata de explicarse el mundo, la naturaleza y el trasmundo, comienza a resquebrajarse. Éste es el principio del fin para esa interpretación mágica e irracional de la vida y la muerte, lo que al fin y al cabo marchitará y evaporará a la religión.

Ésa es la teoría. En la práctica no ha ocurrido ni tiene visos de ocurrir. El desarrollo del conocimiento científico y tecnológico ha sido prodigioso (no siempre benéfico) desde la época de las cavernas y ha permitido al ser humano conocer profundamente la naturaleza, el espacio estelar, su propio cuerpo, averiguar su pasado, dar unas batallas decisivas contra la enfermedad y elevar las condiciones de vida de los pueblos de una manera inimaginable para nuestros ancestros. Pero, salvo para minorías relativamente pequeñas, no ha conseguido arrancar a Dios del corazón de los hombres ni que las religiones se extingan. El argumento de los ateos es que se trata de un proceso todavía en marcha, que el avance de la ciencia no se ha detenido, sigue progresando y tarde o temprano llegará el final de ese combate atávico en el que Dios y la religión desaparecerán expulsados de la vida de los pueblos por las verdades científicas. Este artículo de fe para los liberales y progresistas decimonónicos es difícil de aceptar cotejado con el mundo de hoy, que lo desmiente por doquier: Dios nos rodea por los cuatro costados y, enmascaradas con disfraces políticos, las guerras religiosas siguen causando tantos estragos a la humanidad como en la Edad Media. Lo cual no demuestra que Dios efectivamente exista, sino que una gran mayoría de seres humanos, entre ellos muchos técnicos y científicos destacados, no se resignan a renunciar a esa divinidad que les garantiza alguna forma de supervivencia después de la muerte.

Por lo demás no es sólo la idea de la muerte, de la extinción física, lo que ha mantenido viva a la trascendencia a lo largo de la historia. También, la creencia complementaria de que es necesaria, indispensable, para que esta vida sea soportable, una instancia superior a la terrena, donde se premie el bien y se castigue el mal, se discrimine entre las buenas y las malas acciones, se reparen las injusticias y crueldádes de que somos víctimas y reciban sanción quienes nos las infligen. La realidad es que, pese a todos los avances que en materia de justicia ha hecho la sociedad desde los tiempos antiguos, no hay comunidad humana en la que el grueso de la población no tenga el sentimiento y la convicción absoluta de que la justicia total no es de este mundo. Todos creen que, no importa cuán equitativa sea la ley ni cuán respetable sea el cuerpo de magistrados encargados de administrar justicia, o cuán honrados y dignos los gobiernos, la justicia no llega a ser nunca una realidad tangible y al alcance de todos, que defienda al individuo común y corriente, al ciudadano anónimo, de ser abusado, atropellado y discriminado por los poderosos. No es por eso raro que la religión y las prácticas religiosas estén más arraigadas en las clases y sectores más desfavorecidos de la sociedad, aquellos contra los cuales, por su pobreza y vulnerabilidad, se encarnizan los abusos y vejámenes de toda índole y que por lo general quedan impunes. Se soporta mejor la pobreza, la discriminación, la explotación y el atropello si se cree que habrá un desagravio y una reparación póstumos para todo ello. (Por eso, Marx llamó a la religión «el opio del pueblo», droga que anestesiaba el espíritu rebelde de los trabajadores y permitía a sus amos vivir tranquilos explotándolos.)

Otra de las razones por las que los seres humanos se aferran a la idea de un dios todopoderoso y una vida ultraterrena es que, unos más y otros menos, casi todos sospechan que si aquella idea desapareciera y se instalara como una verdad científica inequívoca que Dios no existe y la religión no es más que un embeleco desprovisto de sustancia y realidad, sobrevendría, a la corta o a la larga, una barbarización generalizada de la vida social, una regresión selvática a la ley del más fuerte y la conquista del espacio social por las tendencias más destructivas y crueles que anidan en el hombre y a las que, en última instancia, frenan y atenúan no las leyes humanas ni la moral entronizada por la racionalidad de los gobernantes, sino la religión. Dicho de otro modo, si hay algo que todavía pueda llamarse una moral, un cuerpo de normas de conducta que propicien el bien, la coexistencia en la diversidad, la generosidad, el altruismo, la compasión, el respeto al prójimo, y rechacen la violencia, el abuso, el robo, la explotación, es la religión, la ley divina y no las leyes humanas. Desaparecido este antídoto, la vida se iría tornando poco a poco un aquelarre de salvajismo, prepotencia y exceso, donde los dueños de cualquier forma de poder —político, económico, militar, etcétera— se sentirían libres de cometer todos los latrocinios concebibles, dando rienda suelta a sus instintos y apetitos más destructivos. Si esta vida es la única que tenemos y no hay nada después de ella y vamos a extinguirnos para siempre jamás, ¿por qué no trataríamos de aprovecharla de la máxima manera posible, aun si ello significara precipitar nuestra propia ruina y sembrar nuestro alrededor con las víctimas de nuestros instintos desatados? Los hombres se empeñan en creer en Dios porque no confían en sí mismos. Y la historia nos demuestra que no les falta razón pues hasta ahora no hemos demostrado ser confiables.

Esto no quiere decir, desde luego, que la vigencia de la religión garantice el triunfo del bien sobre el mal en este mundo y la eficacia de una moral que ataje la violencia y la crueldad en las relaciones humanas. Sólo quiere decir que, por mal que ande el mundo, un oscuro instinto hace pensar a gran parte de la humanidad que andaría todavía peor si los ateos y laicos a ultranza lograran su objetivo de erradicar a Dios y a la religión de nuestras vidas. Ésta sólo puede ser una intuición o una creencia (otro acto de fe): no hay estadística capaz de probar que es así o lo contrario.

Finalmente, hay una última razón, filosófica o, más propiamente, metafísica, para el tan prolongado arraigo de Dios y la religión en la conciencia humana. Contrariamente a lo que creían los librepensadores, ni el conocimiento científico ni la cultura en general —menos aún una cultura devastada por la frivolidad— bastan para liberar al hombre de la soledad en que lo sume el presentimiento de la inexistencia de un trasmundo, de una vida ultraterrena. No se trata del miedo a la muerte, del espanto ante la perspectiva de la extinción total. Sino de esa sensación de desamparo y extravío en esta vida, aquí y ahora, que asoma en el ser humano ante la sola sospecha de la inexistencia de otra vida, de un más allá desde el cual un ser o unos seres más poderosos y sabios que los humanos conozcan y determinen el sentido de la vida, del orden temporal e histórico, es decir, del misterio dentro del que nacemos, vivimos y morimos, y a cuya sabiduría podamos acercarnos lo suficiente como para entender nuestra propia existencia de un modo que le dé sustento y justificación. Con todos los avances que ha hecho, la ciencia no ha logrado desvelar este misterio y es dudoso que lo logre alguna vez. Muy pocos seres humanos son capaces de aceptar la idea del «absurdo existencialista», de que estamos «arrojados» aquí en el mundo por obra de un azar incomprensible, de un accidente estelar, que nuestras vidas son meras casualidades desprovistas de orden ni concierto, y que todo lo que con ellas ocurra o deje de ocurrir depende exclusivamente de nuestra conducta y voluntad y de la situación social e histórica en que nos hallamos insertos. Esta sola idea, que Albert Camus describió en *El mito de Sísifo* con lucidez y serenidad y de la que extrajo hermosas conclusiones sobre la belleza, la libertad y el placer, al común de los mortales lo sume en la anomia, la parálisis y la desesperación.

En el ensayo inicial de *El hombre y lo divino*, «Del nacimiento de los dioses», María Zambrano se pregunta: «¿Cómo han nacido los dioses y por qué?». La respuesta que encuentra es todavía anterior y más profunda que la mera toma de conciencia del hombre primitivo de su desamparo, soledad y vulnerabilidad. En verdad, dice, es algo constitutivo, una «necesidad abismal, definitoria de la condición humana», sentir ante el mundo aquella «extrañeza» que provoca en el ser humano un «delirio de persecución» que sólo cesa, o al menos se aplaca, cuando reconoce y se siente rodeado de aquellos dioses cuya existencia presentía y lo hacían vivir en la zozobra y el frenesí antes de reconocerlos e incorporarlos a su existencia. María Zambrano investiga el caso específico de los dioses griegos, pero sus conclusiones valen para todas las civilizaciones y culturas. Si no fuera así, se pregunta ella misma, «¿Por qué ha habido siempre dioses, de diverso tipo, ciertamente, pero, al fin, dioses?». La respuesta a esta interrogación la da en otro de los ensayos del libro, «La huella del paraíso», y no puede ser más convincente: «Y en los dos puntos extremos que marcan el horizonte humano, el pasado perdido y el futuro a crear, resplandece la sed y el ansia de una vida divina sin dejar de ser humana, una vida divina que el hombre parece haber tenido siempre como modelo previo, que se ha ido diseñando a través de la confusión en abigarradas imágenes, como un rayo de luz pura que se coloreara al atravesar la turbia atmósfera de las pasiones, de la necesidad y del sufrimiento».[*]

En los años sesenta yo viví, en Londres, una época en la que una nueva cultura irrumpió con fuerza y se extendió de allí por buena parte del mundo occidental, la de los *hippies* o los *flower children*. Lo más novedoso y llamativo de ella fueron la revolución musical que trajo consigo, la de los Beatles y los Rolling Stones, una nueva estética en el atuendo, la reivindicación de la marihuana y otras drogas, la libertad sexual, pero, también, el rebrote de una religiosidad que, apartándose de las grandes religiones tradicionales de Occidente, se volcaba hacia el Oriente, el budismo y el hinduismo principalmente, y todos los cultos relacionados con ellos, así como a innumerables sectas y prácticas religiosas primitivas, muchas de dudoso origen y, a veces, fabricadas por gurús de pacotilla y aprovechadores pintorescos. Pero, no importa cuánto hubiera de ingenuidad, moda y monería en esta tendencia, lo cierto es que detrás de esa proliferación de iglesias y creencias exóticas, genuinas o farsantes, lo evidente es que los millares de jóvenes de todo el mundo que se volcaron en ellas y les dieron vida, o peregrinaron a Katmandú como antaño sus abuelos a los Santos Lugares o los musulmanes a La Meca, mostraron de manera palpable esa necesidad de vida espiritual y trascendencia de la que sólo pequeñas minorías a lo largo de la historia se han librado.

---

[*] María Zambrano, *El hombre y lo divino*, Barcelona, Círculo de Lectores, Opera Mundi, 1999, pp. 145-149 y 429.

No deja de ser instructivo al respecto que tantos inconformes y rebeldes contra la primacía del cristianismo sucumbieran luego al hechizo y las prédicas religioso-psicodélicas de personajes como el padre del LSD, Timothy Leary, el Maharishi Mahesh Yogi, el santón y gurú favorito de los Beatles, o el profeta coreano de los *Moonies* y la Iglesia de la Unificación, el reverendo Sun Myung Moon.

Muchos han tomado muy poco en serio este rebrote de religiosidad superficial, teñido de pintoresquismo, candidez, parafernalia cinematográfica y proliferación de cultos e iglesias promovidos por una publicidad chillona y de mal gusto como productos comerciales de consumo doméstico. Que sean recientes, a veces grotescamente embusteras, que se aprovechen de la incultura, ingenuidad y frivolidad de sus adeptos, no es obstáculo para que a éstos les presten un servicio espiritual y les ayuden a llenar un vacío en sus vidas, tal como a millones de otros seres humanos les ocurre con las iglesias tradicionales. No de otra manera se explica que algunas de estas iglesias de reciente aparición, como la Cienciología fundada por L. Ron Hubbard, y favorecida por algunas luminarias de Hollywood, entre ellos Tom Cruise y John Travolta, hayan resistido el acoso a que han sido sometidas en países como Alemania, donde aquélla fue acusada de lavado de cerebros y explotación de menores, y constituido un verdadero imperio económico internacional. No tiene nada de sorprendente que en la civilización de la pantomima la religión se acerque al circo y a veces se confunda con él.

Para hacer un balance de la función que han cumplido las religiones en el curso de la historia humana es imprescindible separar los efectos que ellas han tenido en el ámbito privado e individual y en el público y social. No se debe confundirlos pues se perderían matices y hechos fundamentales. Al creyente y practicante su religión —sea ésta profunda, antigua y popular, o contemporánea, superficial y minúscula— desde luego que le sirve. Le permite explicarse quién es y qué hace en este mundo, le proporciona un orden, una moral para organizar su vida y su conducta, una esperanza de perennidad luego de su muerte, un consuelo para el infortunio, y el alivio y la seguridad que se derivan de sentirse parte de una comunidad que comparte creencias, ritos y formas de vida. Sobre todo para quienes sufren y son víctimas de abusos, explotación, pobreza, frustración, desgracia, la religión es una tabla de salvación a la que asirse para no sucumbir a la desesperación, que anula la capacidad de reacción y resistencia al infortunio, y empuja al suicidio.

Desde el punto de vista social hay también muchas derivaciones positivas de la religión. En el caso del cristianismo, por ejemplo, fue una verdadera revolución para su tiempo la prédica extendida del perdón que incluía a los enemigos, a los que Cristo enseñaba que había que amar al igual que a los amigos, y la conversión de la pobreza en un valor moral que Dios premiaría en la otra vida («los últimos serán los primeros»), así como la condena de la riqueza y del rico que hace Jesús en el Evangelio según San Mateo (19:24): «Es más fácil pasar un camello por el ojo de una aguja, que un rico entrar en el reino de los cielos». El cristianismo propuso una fraternidad universal, combatiendo los prejuicios y la discriminación entre las razas, las culturas y las etnias y sosteniendo que todas ellas sin excepción eran hijas de Dios y bienvenidas en la casa del Señor. Aunque estas ideas y prédicas tardaron en abrirse paso y traducirse en formas de conducta por parte de Estados y gobiernos, ellas contribuyeron a aliviar las formas más brutales de la explotación, la discriminación y las violencias, a humanizar la vida en el mundo antiguo y sentaron las bases de lo que, con el correr del tiempo, sería el reconocimiento de los derechos humanos, la abolición de la esclavitud, la condena del genocidio y la tortura. En otras palabras, el cristianismo dio un impulso determinante al nacimiento de la cultura democrática.

Sin embargo, a la vez que por una parte servía a esta causa con la filosofía implícita en su doctrina, por otra el cristianismo sería, sobre todo en sociedades que no habían experimentado un proceso de secularización, uno de los mayores obstáculos para que la democracia se expandiera y arraigara. En esto no ha sido diferente de ninguna otra religión. Las religiones sólo admiten y proclaman verdades absolutas y cada cual rechaza las de las demás de manera categórica. Todas ellas aspiran no sólo a conquistar las almas y el corazón de los seres humanos, también su conducta. Mientras fue una religión de catacumbas, marginal, perseguida, de gentes pobres y desvalidas, el cristianismo representó una forma de civilización que contrastaba con la barbarie de los paganos, sus violencias enloquecidas, sus prejuicios y supersticiones, los excesos de sus vidas y su inhumanidad en el trato con el otro. Pero cuando prendió y fue incorporando a sus filas a las clases dirigentes y pasó a cogobernar o gobernar directamente a la sociedad, el cristianismo perdió el semblante de mansedumbre que tenía. En el poder se volvió intolerante, dogmático, exclusivista y fanático. La defensa de la ortodoxia lo llevó a validar y ejercer él mismo tantas o peores violencias que las que habían sufrido los primeros cristianos de parte de los paganos y a encabezar y legitimar guerras y crueldades inicuas contra sus adversarios. Su identificación o cercanía con el poder lo indujo muchas veces a hacer concesiones vergonzosas a los reyes, príncipes, caudillos y, en general, a los poderosos. Si en ciertas épocas, como el Renacimiento, la Iglesia favoreció el desarrollo de las artes y las letras —ni Dante ni Piero della Francesca ni Miguel Ángel hubieran sido posibles sin ella—, luego se convertiría, en el dominio del pensamiento, tan brutalmente represiva como lo fue desde el principio en el dominio de la investigación científica, censurando y castigando incluso con la tortura y la muerte a los pensadores, científicos y artistas sospechosos de heterodoxia. Las Cruzadas, la Inquisición, el *Index* son otros tantos símbolos de la intransigencia, el dogmatismo y la ferocidad con que la Iglesia combatió la libertad intelectual, científica y artística, así como las duras batallas que debieron librar contra ella los grandes luchadores de la libertad en los países católicos. En los países protestantes hubo menos intolerancia para con la ciencia y una censura menos estricta para con la literatura y las artes, pero no fue menor que en las sociedades católicas la rigidez en lo concerniente a la familia, el sexo y el amor. En ambos casos, la discriminación de la mujer tuvo siempre a la Iglesia como adalid, y en ambos, también, la Iglesia alentó o toleró el antisemitismo.

Sólo con la secularización la Iglesia iría aceptando (resignándose a ello, más bien) que era preciso dar al César lo que correspondía al César y a Dios lo que es de Dios. Es decir, admitir una división estricta entre lo espiritual y lo temporal, que su soberanía se ejerciera en lo primero y que en lo segundo respetara lo que decidieran todos los ciudadanos, cristianos o no. Sin ese proceso de secularización que apartó a la Iglesia del gobierno temporal no habría habido democracia, un sistema que significa coexistencia en la diversidad, pluralismo cívico y también religioso, y leyes que pueden no sólo no coincidir con la filosofía y la moral cristianas sino disentir de ellas radicalmente. La secularización de la sociedad fue entendida, durante la Revolución Francesa, en los sectores anarquistas y comunistas durante la Segunda República Española o en un período importante de la Revolución Mexicana y en las Revoluciones de Rusia y de China, como una lucha frontal contra la religión hasta extirparla de la sociedad. Se quemaron conventos e iglesias, se asesinó a religiosos y creyentes, se prohibieron las prácticas litúrgicas, se erradicó de la educación toda forma de enseñanza cristiana y se promovió intensamente el ateísmo y el materialismo. Todo ello no sólo fue cruel e injusto, sino, sobre todo, inútil. Las persecuciones tuvieron el efecto de una poda pues, luego de un tiempo, hicieron renacer con más brío las creencias y las prácticas religiosas. Francia, Rusia y México son en la actualidad el mejor ejemplo de ello.

    La secularización no puede significar persecución, discriminación ni prohibición a las creencias y cultos, sino libertad irrestricta para que los ciudadanos ejerciten y vivan su fe sin el menor tropiezo siempre y cuando respeten las leyes que dictan los parlamentos y los gobiernos democráticos. La obligación de éstos es garantizar que nadie sea acosado o perseguido en razón de su fe y, al mismo tiempo, obrar de manera que las leyes se cumplan así se aparten de las doctrinas religiosas. Esto ha ocurrido en todos los países democráticos en asuntos como el divorcio, el aborto, el control de la natalidad, el homosexualismo, los matrimonios gays, la eutanasia, la descriminalización de las drogas. De manera general, la Iglesia ha limitado su reacción a protestas legítimas, como manifiestos, mítines, publicaciones y campañas encaminadas a movilizar a la opinión pública en contra de las reformas y disposiciones que rechaza, aunque haya en su seno instituciones y clérigos extremistas que alienten las prácticas autoritarias de la extrema derecha.

La preservación del secularismo es requisito indispensable para la supervivencia y perfeccionamiento de la democracia. Para saberlo basta volver la vista hacia las sociedades donde el proceso de secularización es nulo o mínimo, como ocurre en la gran mayoría de países musulmanes. La identificación del Estado con el islam —los casos extremos son ahora Arabia Saudita e Irán— ha sido un obstáculo insuperable para la democratización de la sociedad y ha servido —sirve todavía, aunque, por fin, parece haberse iniciado un proceso emancipador en el mundo árabe— para preservar sistemas dictatoriales que impiden la libre coexistencia de las religiones y ejercitan un control abusivo y despótico sobre la vida privada de los ciudadanos, sancionándolos con dureza (que puede llegar a la cárcel, la tortura y la ejecución) si se apartan de las prescripciones de la única religión tolerada. No era muy diferente la situación de las sociedades cristianas antes de la secularización y seguiría siéndolo si este proceso no hubiera tenido lugar. Catolicismo y protestantismo redujeron su intolerancia y aceptaron coexistir con otras religiones no porque su doctrina fuera menos totalizadora e intolerante que la del islam, sino forzados por las circunstancias, unos movimientos y una presión social que pusieron a la Iglesia a la defensiva y la obligaron a adaptarse a las costumbres democráticas. No es verdad que el islam sea incompatible con la cultura de la libertad, no menos que el cristianismo en todo caso. La diferencia es que en las sociedades cristianas hubo, empujado por movimientos políticos inconformes y rebeldes y una filosofía laica, un proceso que obligó a la religión a privatizarse, a desestatizarse, gracias a lo cual la democracia prosperó. En Turquía, gracias a Mustafa Kemal Atatürk, la sociedad vivió un proceso de secularización (impulsado por métodos violentos) y, desde hace algunos años, pese a que una mayoría de turcos es de confesión musulmana, la sociedad se ha ido abriendo hacia la democracia mucho más que el resto de países islámicos.

El laicismo no está contra la religión; está en contra de que la religión se convierta en obstáculo para el ejercicio de la libertad y en una amenaza contra el pluralismo y la diversidad que caracterizan a una sociedad abierta. En ésta la religión pertenece al dominio de lo privado y no debe usurpar las funciones del Estado, el que debe mantenerse laico precisamente para evitar en el ámbito religioso el monopolio, siempre fuente de abuso y corrupción. La única manera de ejercitar la imparcialidad que garantice el derecho de todos los ciudadanos a profesar la religión que les plazca o a rechazarlas todas, es ser laico, es decir, no subordinado a institución religiosa alguna en sus deberes de función. Mientras la religión se mantenga en el ámbito de lo privado, no es un peligro para la cultura democrática sino, más bien, su cimiento y complemento irreemplazable.

Aquí entramos en un asunto difícil y controvertible sobre el que no hay unanimidad de pareceres entre los demócratas, ni siquiera entre los liberales. Por eso debemos avanzar en este terreno con prudencia, evitando las minas de que está sembrado. Así como tengo la firme convicción de que el laicismo es insustituible en una sociedad de veras libre, con no menos firmeza creo que, para que una sociedad lo sea, es igualmente necesario que en ella prospere una intensa vida espiritual —lo que para la gran mayoría significa vida religiosa—, pues, de lo contrario, ni las leyes ni las instituciones mejor concebidas funcionan a cabalidad y, a menudo, se estragan o corrompen. La cultura democrática no está hecha solamente de instituciones y leyes que garanticen la equidad, la igualdad ante la ley, la igualdad de oportunidades, mercados libres, una justicia independiente y eficaz, lo que implica jueces probos y capaces, el pluralismo político, la libertad de prensa, una sociedad civil fuerte, los derechos humanos. También y, sobre todo, de la convicción arraigada entre los ciudadanos de que este sistema es el mejor posible y la voluntad de hacerlo funcionar. Esto no puede ser realidad sin unos valores y paradigmas cívicos y morales profundamente anclados en el cuerpo social, algo que, para la inmensa mayoría de seres humanos, es indistinguible de unas convicciones religiosas. Es verdad que desde los siglos XVIII y XIX ha habido en el mundo occidental, entre los sectores —siempre minoritarios— de librepensadores, ciudadanos ejemplares cuyo agnosticismo o ateísmo no fue obstáculo para unas conductas cívicas intachables, signadas por la honestidad, el respeto a la ley y la solidaridad social. Es el caso, en España, en las primeras décadas del siglo XX, de tantos maestros y maestras impregnados de ideología anarquista cuya moral laica, de alto civismo, los convirtió en verdaderos misioneros sociales que haciendo grandes sacrificios personales y llevando vidas espartanas se esforzaron por alfabetizar y formar a los sectores más empobrecidos y marginados de la sociedad. Se podrían citar muchos ejemplos parecidos. Pero, hecha esta salvedad, lo cierto es que esta moral laica sólo ha encarnado en grupos reducidos. Todavía sigue siendo una realidad indiscutible que, para las grandes mayorías, es la religión la fuente primera y mayor de los principios morales y cívicos que son el sustento de la cultura democrática. Y que, cuando, como ocurre en nuestros días en las sociedades libres, tanto del Primer como del Tercer Mundo, la religión empieza a desfallecer, pierde dinamismo y crédito y se vuelve superficial y frívola —un mero ornamento social—, el resultado es perjudicial, y puede llegar a ser trágico, para el funcionamiento de las instituciones de la democracia.

Ocurre en todos los estratos de la vida social, pero donde el fenómeno es más visible es, sin duda, en la economía.

La Iglesia católica y el capitalismo nunca se llevaron bien. Desde los comienzos de la Revolución Industrial inglesa, que disparó el desarrollo económico y la economía de mercado, los Papas han lanzado duros anatemas, en encíclicas y sermones, contra un sistema que, a su juicio, alentaba el apetito de riquezas materiales, el egoísmo, el individualismo, acentuaba las diferencias económicas y sociales entre ricos y pobres y apartaba a los seres humanos de la vida espiritual y religiosa. Hay un elemento de verdad en estas críticas, pero ellas pierden su capacidad persuasiva si se las sitúa en un contexto histórico y social más ancho, el de la transformación positiva que trajo al conjunto de los seres humanos el régimen de la propiedad privada y una economía libre donde empresas y empresarios compitan bajo reglas claras y equitativas por la satisfacción de las necesidades de los consumidores. A ese sistema se debe que buena parte de la humanidad se librara de lo que Karl Marx llamaba «el cretinismo de la vida rural», que progresara la medicina en particular y las ciencias en general y se elevaran los niveles de vida de una manera vertiginosa en todas las sociedades abiertas, en tanto que las cautivas languidecían en el régimen patrimonialista y mercantilista que conducía a la pobreza, la escasez y la miseria para la mayoría de la población y al lujo y la opulencia para la cúpula. El mercado libre, sistema insuperado e insuperable para la asignación de recursos, hizo surgir a las clases medias, que dan la estabilidad y el pragmatismo políticos a las sociedades modernas, y ha hecho que tenga una vida digna la inmensa mayoría de los ciudadanos, algo que no ocurrió antes en la historia de la humanidad.

Ahora bien, es verdad que este sistema de economía libre acentúa las diferencias económicas y alienta el materialismo, el apetito consumista, la posesión de riquezas y una actitud agresiva, beligerante y egoísta que, si no encuentra freno alguno, puede llegar a provocar trastornos profundos y traumáticos en la sociedad. De hecho, la reciente crisis financiera internacional, que ha hecho tambalear a todo Occidente, tiene como origen la codicia desenfrenada de banqueros, inversores y financistas que, cegados por la sed de multiplicar sus ingresos, violentaron las reglas de juego del mercado, engañaron, estafaron y precipitaron un cataclismo económico que ha arruinado a millones de gentes en el mundo.

De otro lado, en las tareas creativas y, digamos, imprácticas, el capitalismo provoca una confusión total entre *precio* y *valor* en la que este último sale siempre perjudicado, algo que, a la corta o a la larga, conduce a esa degradación de la cultura y el espíritu que es la civilización del espectáculo. El mercado libre fija los precios de los productos en función de la oferta y la demanda, lo que ha hecho que en casi todas partes, incluidas las sociedades más cultas, obras literarias y artísticas de altísimo valor queden disminuidas y arrinconadas, debido a su dificultad y exigencia de una cierta formación intelectual y de una sensibilidad aguzada para ser cabalmente apreciadas. La contrapartida es que, cuando el gusto del gran público determina el valor de un producto cultural, es inevitable que, en muchísimos casos, escritores, pensadores y artistas mediocres o nulos, pero vistosos y pirotécnicos, diestros en la publicidad y la autopromoción o que halagan con destreza los peores instintos del público, alcancen altísimas cotas de popularidad y le parezcan, a la inculta mayoría, los mejores y sus obras sean las más cotizadas y divulgadas. Esto, en el dominio de la pintura, por ejemplo, como hemos visto, ha llevado a que las obras de verdaderos embaucadores, gracias a las modas y a la manipulación del gusto de los coleccionistas por obra de galeristas y críticos, alcancen precios vertiginosos. Ello indujo a pensadores como Octavio Paz a condenar el mercado y sostener que ha sido el gran responsable de la bancarrota de la cultura en la sociedad contemporánea. El tema es vasto y complejo, y abordarlo en todas sus vertientes nos llevaría muy lejos de la materia de este capítulo, que es la función de la religión en la cultura de nuestro tiempo. Baste señalar, sin embargo, que, tanto como el mercado, influye en esta anarquía y en los malentendidos múltiples que la escisión entre precio y valor ha significado para los productos culturales, la desaparición de las elites y de la crítica y los críticos, que antaño establecían jerarquías y paradigmas estéticos, fenómeno que no está relacionado directamente con el mercado, más bien con el empeño de democratizar la cultura y ponerla al alcance de todo el mundo.

Todos los grandes pensadores liberales, desde John Stuart Mill hasta Karl Popper, pasando por Adam Smith, Ludwig von Mises, Friedrich Hayek, Isaiah Berlin y Milton Friedman, señalaron que la libertad económica y política sólo cumplía a cabalidad su función civilizadora, creadora de riqueza y de empleo y defensora del individuo soberano, de la vigencia de la ley y el respeto a los derechos humanos, cuando la vida espiritual de la sociedad era intensa y mantenía viva e inspiraba una jerarquía de valores respetada y acatada por el cuerpo social. Éste era el mejor modo, según ellos, de que la cesura entre precio y valor desapareciera o al menos se atenuara. El gran fracaso, y las crisis que experimenta sin tregua el sistema capitalista —la corrupción, el tráfico de influencias, las operaciones mercantilistas para enriquecerse transgrediendo la ley, la codicia frenética que explica los grandes fraudes de entidades bancarias y financieras, etcétera— no se deben a fallas constitutivas a sus instituciones, sino al desplome de ese soporte moral y espiritual encarnado en la vida religiosa que hace las veces de brida y correctivo permanente que mantiene al capitalismo dentro de ciertas normas de honestidad, respeto hacia el prójimo y hacia la ley. Cuando esta estructura, invisible pero influyente, de carácter ético, se desploma y desvanece para grandes sectores sociales, sobre todo aquellos que tienen mayor injerencia y responsabilidad en la vida económica, cunde la anarquía y comienzan a infectar la economía de las sociedades libres aquellos elementos perturbadores que provocan una creciente desconfianza en un sistema que parece funcionar sólo en beneficio de los más poderosos (o los más bribones) y en perjuicio de los ciudadanos comunes y corrientes, carentes de fortuna y privilegios. La religión, que, en el pasado, dio al capitalismo una consistencia grande en las conciencias, como lo vio Max Weber en su ensayo sobre la religión protestante y el desarrollo del capitalismo, al banalizarse hasta desaparecer en muchas capas de la sociedad moderna —en las elites precisamente—, ha contribuido a provocar esa «crisis del capitalismo» de la que se habla cada vez más, al mismo tiempo que, con la desaparición de la URSS y la conversión de China en un país capitalista autoritario, el socialismo pareció, para todos los efectos prácticos, haber llegado al final de su historia.

La frivolidad desarma moralmente a una cultura descreída. Socava sus valores e infiltra en su ejercicio prácticas deshonestas y, a veces, abiertamente delictivas, sin que haya para ellas ningún tipo de sanción moral. Y es todavía más grave si quien delinque —por ejemplo, violentando la privacidad de alguna persona famosa para exhibirla en una situación embarazosa— es premiado con el éxito mediático y llega a disfrutar de los quince minutos de fama que pronosticó Andy Warhol para todo el mundo en 1968. Un ejemplo recientísimo de lo que digo es el simpático embaucador italiano Tommaso Debenedetti, que durante años estuvo publicando en diarios de su país «entrevistas» con escritores, políticos, religiosos (incluido el Papa), que, a menudo, eran reproducidas en periódicos extranjeros. Todas eran falsas, inventadas de pies a cabeza. Yo mismo fui uno de sus «entrevistados». Lo descubrió el novelista norteamericano Philip Roth, que no se reconoció en unas declaraciones que le atribuían las agencias de prensa. Comenzó a seguir la pista de la noticia, hasta dar con el falsario. ¿Algo le ha ocurrido a Tommaso Debenedetti por haber engañado a diarios y lectores con las setenta y nueve colaboraciones falsas detectadas hasta ahora? Sanción, ninguna. La revelación del fraude lo ha tornado un héroe mediático, un pícaro audaz e inofensivo cuya imagen y hazaña han dado la vuelta al mundo, como la de un héroe de nuestro tiempo. Y lo cierto es que, aunque resulte triste reconocerlo, lo es. Él se defiende con esta bonita paradoja: «Mentí, pero sólo para poder decir una verdad». ¿Cuál? Que vivimos en un tiempo de fraudes, en el que el delito, si es divertido y entretiene al gran número, se perdona.

Dos asuntos han llevado a la actualidad en los últimos años el tema de la religión y provocado agrias polémicas en las democracias avanzadas. El primero, si en los colegios públicos, que administra el Estado y financian todos los contribuyentes, se debe excluir toda forma de enseñanza religiosa y dejar que ésta se confine de manera exclusiva en el ámbito privado. Y, el segundo, si se debe prohibir en las escuelas por parte de las niñas y jóvenes el uso del velo, el burka y el *hiyab*.

Abolir enteramente toda forma de enseñanza religiosa en los colegios públicos sería formar a las nuevas generaciones con una cultura deficiente y privarlas de un conocimiento básico para entender su historia, su tradición y disfrutar del arte, la literatura y el pensamiento de Occidente. La cultura occidental está embebida de ideas, creencias, imágenes, festividades y costumbres religiosas. Mutilar este riquísimo patrimonio de la educación de las nuevas generaciones equivaldría a entregarlas atadas de pies y manos a la civilización del espectáculo, es decir, a la frivolidad, la superficialidad, la ignorancia, la chismografía y el mal gusto. Una enseñanza religiosa no sectaria, objetiva y responsable, en la que se explique el papel hegemónico que ha cumplido el cristianismo en la creación y evolución de la cultura de Occidente, con todas sus divisiones y secesiones, sus guerras, sus incidencias históricas, sus logros, sus excesos, sus santos, sus místicos, sus mártires y martirizados, y la manera como todo ello ha influido, para bien y para mal, en la historia, la filosofía, la arquitectura, el arte y la literatura, es indispensable si se quiere que la cultura no degenere al ritmo que lo viene haciendo y que el mundo del futuro no esté dividido entre analfabetos funcionales y especialistas ignaros e insensibles.

El uso del velo o las túnicas que cubren parcial o enteramente el cuerpo de la mujer no debería ser objeto de debate en una sociedad democrática. ¿No existe en ella acaso la libertad? ¿Qué clase de libertad es esa que impediría a una niña o joven vestirse de acuerdo a las prescripciones de su religión o a su capricho? Sin embargo, no es nada seguro que llevar un velo o un burka sea una decisión libremente tomada por la niña, joven o mujer que los usa. Es muy probable que los lleve no por gusto ni acto libre personal sino como símbolo de la condición que la religión islámica impone a la mujer, es decir, de absoluta servidumbre a su padre o marido. En estas condiciones, el velo y la túnica dejan de ser sólo prendas de vestir y se convierten en emblemas de la discriminación que rodea a la mujer todavía en buena parte de las sociedades musulmanas. ¿Debe tolerar un país democrático, en nombre del respeto a las creencias y culturas, que en su seno sigan existiendo instituciones y costumbres (prejuicios y estigmas, más bien) que la democracia abolió hace siglos a costa de grandes luchas y sacrificios? La libertad es tolerante, pero no puede serlo para quienes con su conducta la niegan, hacen escarnio de ella y, a fin de cuentas, quisieran destruirla. En muchos casos, el empleo de símbolos religiosos como el burka y el *hiyab* que llevan las niñas musulmanas a los colegios son meros desafíos a esa libertad de la mujer alcanzada en Occidente, a la que quisieran recortar, obteniendo concesiones y constituyendo enclaves soberanos en el seno de una sociedad abierta. Es decir, detrás del aparentemente benigno atuendo se embosca una ofensiva que pretende obtener un derecho de ciudad para prácticas y comportamientos reñidos con la cultura de la libertad.

La inmigración es indispensable para los países desarrollados que quieren seguirlo siendo y, también por esa razón práctica, deben favorecerla y acoger a trabajadores de lenguas y creencias distintas. Desde luego que un gobierno democrático debe facilitar a esas familias inmigrantes la preservación de su religión y sus costumbres. Pero, a condición que ellas no vulneren los principios y las leyes del Estado de derecho. Éste no admite la discriminación ni el sometimiento de la mujer a una servidumbre que hace tabla rasa de sus derechos humanos. Una familia musulmana en una sociedad democrática tiene la misma obligación que las familias oriundas a ajustar su conducta a las leyes vigentes aun cuando éstas contradigan costumbres y comportamientos inveterados de sus lugares de origen.

Ése es el contexto en el que hay que situar siempre el debate sobre el velo, el burka y el *hiyab*. Así se entendería mejor la decisión de Francia —justa y democrática en mi opinión— de prohibir de manera categórica el uso del velo o cualquier otra forma de uniforme religioso para las niñas en las escuelas públicas.

Antecedentes

Piedra de Toque
La señal de la cruz

Nadie dio mucha importancia en Alemania a aquella pareja de discípulos del humanista Rudolf Steiner, que, desde una aldea perdida de Baviera, interpuso hace algún tiempo una acción ante el Tribunal Constitucional de la República, en Karlsruhe, alegando que sus tres pequeños hijos habían quedado «traumatizados» por la imagen del Cristo crucificado que estaban obligados a ver, a diario, ornando las paredes de la escuela pública en la que estudiaban.

Pero hasta la última familia del país supo —y buen número de ellas quedaron desmandibuladas de estupefacción al saberlo— que el alto Tribunal encargado de velar por la recta aplicación de los principios constitucionales en la vida política, económica y administrativa de la Alemania federal, cuyas decisiones son inapelables, había acogido la querella. Por boca de su presidente, una eminencia jurídica, Johann Friedrich Henschel, los ocho magistrados que lo integraban fallaron que la oferta de aquella escuela bávara de reemplazar los crucifijos de sus paredes por escuetas cruces —a ver si esta simplificación «destraumatizaba» a los infantes del pleito— era insuficiente y ordenaron al estado de Baviera que retirase cruces y crucifijos de todas las aulas pues «en materia religiosa el Estado debe ser neutral». El Tribunal matizó esta sentencia estipulando que sólo en caso de que hubiera unanimidad absoluta entre padres de familia, profesores y alumnos podría una escuela conser-

var en sus aulas el símbolo cristiano. Los trémolos del escándalo han llegado hasta este apacible lago de los bosques austríacos donde he venido a refugiarme huyendo del calor y la sequía londinenses.

El estado de Baviera no es sólo el paraíso del colesterol y los triglicéridos pues allí se bebe la mejor cerveza y se comen los mejores embutidos del mundo; es también un baluarte del conservadurismo político y la Iglesia católica tiene allí una sólida implantación (no sugiero una relación de causa-efecto entre ambas cosas): más del noventa por ciento de los 850.000 escolares bávaros pertenecen a familias católicas practicantes. La Unión Social Cristiana, versión local y aliada del partido Unión Demócrata Cristiana del canciller Kohl, ejerce un dominio político indisputado en la región y su líder, Theo Waigel, ha sido el primero en protestar contra el fallo del Tribunal Constitucional, en un artículo en el órgano partidario, el Bayernkurier. *«Debido al ostentoso empeño del Tribunal de proteger a las minorías y relegar cada día más a un segundo plano las necesidades de la mayoría, los valores establecidos y el patriotismo constitucional se hallan en peligro», afirmó.*

Mesurada reacción, si la cotejamos con la de Su Ilustrísima, el arzobispo de Múnich, cardenal Friedrich Wetter, a quien el asunto ha llevado a las orillas de la apoplejía y —aún más grave desde el punto de vista democrático— el amotinamiento cívico. «Ni siquiera los nazis arrancaron las cruces de nuestras escuelas», exclamó el purpurado. «¿Vamos a permitir que lo que no pudo perpetrar una dictadura lo realice un Estado democrático, regido por la ley?» ¡Por supuesto que no! El cardenal ha incitado a la desobediencia civil —ninguna escuela debe acatar la sentencia del Tribunal— y convocado una misa al aire libre, el 23 de septiembre, que atraerá seguramente muchedumbres papales. El acto se celebrará bajo la euritmia beligerante de un eslogan acuñado por el mismísimo príncipe de la Iglesia: «¡Aquí está la cruz y aquí se queda!».

Si los encuestadores de las agencias de opinión han hecho bien su trabajo, una robusta mayoría de alemanes respalda al sublevado cardenal Wetter: cincuenta y ocho por ciento condena la sentencia del Tribunal Constitucional y sólo el treinta y siete por ciento la aprueba. El oportuno canciller Helmut Kohl se ha apresurado a reconvenir a los magistrados por una decisión que le parece «contraria a nuestra tradición cristiana» e «incomprensible desde el punto de vista del contenido y de las consecuencias que puede acarrear».

Pero, acaso más grave todavía para la causa que defiende el Tribunal Constitucional, sea que los únicos políticos que hasta ahora hayan salido en su defensa son ese puñado de parlamentarios desarrapados y vegetarianos amantes de la clorofila y el ayuno —los Verdes— a los que, en este país de formidables comedores de butifarras y churrascos, nadie toma muy en serio. Su líder parlamentario, Werner Schulz, ha defendido en Bonn la necesidad de que el Estado mantenga una rigurosa neutralidad en asuntos religiosos «precisamente ahora que existe una amenaza contra la libertad de cultos por obra de los fundamentalistas musulmanes y otras sectas». Y ha pedido que el Estado deje de colectar el impuesto que subsidia a la Iglesia y que reemplace los cursos de cristianismo que se imparten en las escuelas públicas por una enseñanza de ética y creencias en general, sin privilegiar a una religión específica.

Desde las tonificantes aguas frías del lago de Fuschl yo quisiera también añadir mi acatarrada voz en apoyo del Tribunal Constitucional de Alemania y aplaudir a sus lúcidos jueces, por un fallo que, en mi opinión, fortalece el firme proceso democratizador que este país ha seguido desde el final de la Segunda Guerra Mundial, lo más importante que le ha ocurrido a Europa occidental cara al futuro. No porque tenga el menor reparo estético contra crucifijos y cruces o porque albergue la más mínima animadversión contra cristianos o católicos. Todo lo contrario. Aunque no soy creyente, estoy convencido de que una sociedad no puede alcanzar una elevada cultura democrática —es decir, no puede disfrutar cabalmente de la libertad y la legalidad— si no está profundamente impregnada de esa vida espiritual y moral que, para la inmensa mayoría de los seres humanos, es indisociable de la religión. Así lo recuerda Paul Johnson, desde hace por lo menos veinte años, documentando en sus prolijos estudios el papel primordial que la fe y las prácticas religiosas cristianas desempeñaron en la aparición de una cultura democrática en el seno de las tinieblas de la arbitrariedad y el despotismo en que daba tumbos el género humano.

Pero, a diferencia de Paul Johnson, estoy también convencido de que si el Estado no preserva su carácter secular y laico, y, cediendo a la consideración cuantitativa que ahora esgrimen los adversarios del Tribunal Constitucional alemán —¿por qué no sería cristiano el Estado si la gran mayoría de los ciudadanos lo es?—, se identifica con una Iglesia, la democracia está perdida, a corto o a mediano plazo. Por una razón muy simple: ninguna iglesia es democrática. Todas ellas postulan una verdad, que tiene la abrumadora coartada de la trascendencia y el padrinazgo abracadabrante de un ser divino, contra los que se estrellan y pulverizan todos los argumentos de la razón, y se negarían a sí mismas —se suicidarían— si fueran tolerantes y retráctiles y estuvieran dispuestas a aceptar los principios elementales de la vida democrática como son el pluralismo, el relativismo, la coexistencia de verdades contradictorias, las constantes concesiones recíprocas para la formación de consensos sociales. ¿Cómo sobreviviría el catolicismo si se pusiera al voto de los fieles, digamos, el dogma de la Inmaculada Concepción?

La naturaleza dogmática e intransigente de la religión se hace evidente en el caso del islamismo porque las sociedades donde éste ha echado raíces no han experimentado el proceso de secularización que, en Occidente, separó a la religión del Estado y la privatizó, convirtiéndola en un derecho individual en vez de un deber público, y obligándola a adaptarse a las nuevas circunstancias, es decir a confinarse en una actividad cada vez más privada y menos pública. Pero de allí a concluir que si la Iglesia recuperara el poder temporal que en las sociedades democráticas modernas perdió, éstas seguirían siendo tan libres y abiertas como lo son ahora, es una soberana ingenuidad. Invito a los optimistas que así lo creen, como Paul Johnson, a echar una ojeada a aquellas sociedades tercermundistas donde la Iglesia católica tiene todavía en sus manos cómo influir de manera decisiva en la dación de las leyes y el gobierno de la sociedad, y averiguar sólo qué ocurre allí con la censura cinematográfica, el divorcio y el control de la natalidad —no hablemos de la despenalización del aborto—, para que comprueben que, cuando está en condiciones de hacerlo, el catolicismo no vacila un segundo en imponer sus verdades a como dé lugar y no sólo a sus fieles, también a todos los infieles que se le pongan a su alcance.

Por eso, una sociedad democrática, si quiere seguir siéndolo, a la vez que garantiza la libertad de cultos y alienta en su seno una intensa vida religiosa, debe velar por que la Iglesia —cualquier iglesia— no desborde la esfera que le corresponde, que es la de lo privado, e impedir que se infiltre en el Estado y comience a imponer sus particulares convicciones al conjunto de la sociedad, algo que sólo puede hacer atropellando la libertad de los no creyentes. La presencia de una cruz o un crucifijo en una escuela pública es tan abusiva para quienes no son cristianos como lo sería la imposición del velo islámico en una clase donde haya niñas cristianas y budistas además de musulmanas, o la kippah *judía en un seminario mormón. Como no hay manera, en este tema, de respetar las creencias de todos a la vez, la política estatal no puede ser otra que la neutralidad. Los jueces del Tribunal Constitucional de Karlsruhe han hecho lo que debían hacer y su fallo los honra.*

El País, *Madrid, 27 de agosto de 1995*

Piedra de Toque
Defensa de las sectas

En 1983 asistí en Cartagena, Colombia, a un congreso sobre medios de comunicación presidido por dos intelectuales prestigiosos (Germán Arciniegas y Jacques Soustelle), en el que, además de periodistas venidos de medio mundo, había unos jóvenes incansables, dotados de esas miradas fijas y ardientes que adornan a los poseedores de la verdad. En un momento dado, hizo su aparición en el certamen, con gran revuelo de aquellos jóvenes, el reverendo Moon, jefe de la Iglesia de la Unificación, que, a través de un organismo de fachada, patrocinaba aquel congreso. Poco después, advertí que la mafia progresista añadía, a mi prontuario de iniquidades, la de haberme vendido a una siniestra secta, la de los Moonies.

Como, desde que perdí la que tenía, ando buscando una fe que la reemplace, ilusionado me precipité a averiguar si la de aquel risueño y rollizo coreano que maltrataba el inglés estaba en condiciones de resolverme el problema. Y así leí el magnífico libro sobre la Iglesia de la Unificación de la profesora de la London School of Economics Eileen Barker (a quien conocí en aquella reunión de Cartagena), que es probablemente quien ha estudiado de manera más seria y responsable el fenómeno de la proliferación de las sectas religiosas en este fin del milenio. Por ella supe, entre otras muchas cosas, que el reverendo Moon no sólo se considera comisionado por el Creador con la menuda responsabilidad de unir judaísmo, cristianismo y budis-

mo en una sola iglesia, sino, además, piensa ser él mismo una hipóstasis de Buda y Jesucristo. Esto, naturalmente, me descalifica del todo para integrar sus filas: si, pese a las excelentes credenciales que dos mil años de historia le conceden, me confieso totalmente incapaz de creer en la divinidad del Nazareno, difícil que la acepte en un evangelista norcoreano que ni siquiera pudo con el Internal Revenue Service de los Estados Unidos (que lo mandó un año a la cárcel por burlar impuestos).

Ahora bien, si los Moonies *(y los 1.600 grupos y grupúsculos religiosos detectados por Inform, que dirige la profesora Barker) me dejan escéptico, también me ocurre lo mismo con quienes de un tiempo a esta parte se dedican a acosarlos y a pedir que los gobiernos los prohíban, con el argumento de que corrompen a la juventud, desestabilizan a las familias, esquilman a los contribuyentes y se infiltran en las instituciones del Estado. Lo que ocurre en estos días en Alemania con la Iglesia de la Cienciología da a este tema una turbadora actualidad. Como es sabido, las autoridades de algunos estados de la República Federal —Baviera, sobre todo— pretenden excluir de los puestos administrativos a miembros de aquella organización, y han llevado a cabo campañas de boicot a películas de John Travolta y Tom Cruise por ser «cienciólogos» y prohibido un concierto de Chick Corea en Baden-Württemberg por la misma razón.*

Aunque es una absurda exageración comparar estas medidas de acoso con la persecución que sufrieron los judíos durante el nazismo, como se dijo en el manifiesto de las treinta y cuatro personalidades de Hollywood que protestaron por estas iniciativas contra la Cienciología en un aviso pagado en The New York Times, *lo cierto es que aquellas operaciones constituyen una flagrante violación de los principios de tolerancia y plura-*

lismo de la cultura democrática y un peligroso precedente. Al señor Tom Cruise y a su bella esposa Nicole Kidman se les puede acusar de tener la sensibilidad estragada y un horrendo paladar literario si prefieren, a la lectura de los Evangelios, la de los engendros científico-teológicos de L. Ron Hubbard, que fundó hace cuatro décadas la Iglesia de la Cienciología, de acuerdo. Pero ¿por qué sería éste un asunto en el que tuvieran que meter su nariz las autoridades de un país cuya Constitución garantiza a los ciudadanos el derecho de creer en lo que les parezca o de no creer en nada?

El único argumento serio para prohibir o discriminar a las «sectas» no está al alcance de los regímenes democráticos; sí lo está, en cambio, en aquellas sociedades donde el poder religioso y político son uno solo y, como en Arabia Saudita o Sudán, el Estado determina cuál es la verdadera religión y se arroga por eso el derecho de prohibir las falsas y de castigar al hereje, al heterodoxo y al sacrílego, enemigos de la fe. En una sociedad abierta, eso no es posible: el Estado debe respetar las creencias particulares, por disparatadas que parezcan, sin identificarse con ninguna iglesia, pues si lo hace inevitablemente terminará por atropellar las creencias (o la falta de ellas) de un gran número de ciudadanos. Lo estamos viendo en estos días en Chile, una de las sociedades más modernas de América Latina, que, sin embargo, en algún aspecto sigue siendo poco menos que troglodita, pues todavía no ha aprobado una ley de divorcio debido a la oposición de la influyente Iglesia católica.

Las razones que se esgrimen contra las sectas son a menudo certeras. Es verdad que sus prosélitos suelen ser fanáticos y sus métodos catequizadores atosigantes (un testigo de Jehová me asedió a mí un largo año en París para que me diera la zambullida lustral, exasperándome hasta la pesadilla) y que muchas de ellas exprimen literalmente los bolsillos de sus fieles. Ahora bien: ¿no se puede decir lo mismo, con puntos y comas, de muchas sectas respetabilísimas de las religiones tradicionales? Los judíos ultraortodoxos de Mea Shearim, en Jerusalén, que salen a apedrear los sábados a los automóviles que pasan por el barrio ¿son un modelo de flexibilidad? ¿Es por ventura el Opus Dei menos estricto en la entrega que exige de sus miembros numerarios de lo que lo son, con los suyos, las formaciones evangélicas más intransigentes? Son unos ejemplos tomados al azar, entre muchísimos otros, que prueban hasta la saciedad que toda religión, la convalidada por la pátina de los siglos y milenios, la rica literatura y la sangre de los mártires, o la flamantísima, amasada en Brooklyn, Salt Lake City o Tokio y promocionada por Internet, es potencialmente intolerante, de vocación monopólica, y que las justificaciones para limitar o impedir el funcionamiento de algunas de ellas son también válidas para todas las otras. O sea que, una de dos: o se las prohíbe a todas sin excepción, como intentaron algunos ingenuos —la Revolución Francesa, Lenin, Mao, Fidel Castro—, o a todas se las autoriza, con la única exigencia de que actúen dentro de la ley.

Ni que decir tiene que yo soy un partidario resuelto de esta segunda opción. Y no sólo porque es un derecho humano básico el de poder practicar la fe elegida sin ser por ello discriminado ni perseguido. También porque para la inmensa mayoría de los seres humanos la religión es el único camino que conduce a la vida espiritual y a una conciencia ética, sin las cuales no hay convivencia humana, ni respeto a la legalidad, ni aquellos consensos elementales que sostienen la vida civilizada. Ha sido un gravísimo error, repetido varias veces a lo largo de la historia, creer que el conocimiento, la ciencia, la cultura, irían liberando progresivamente al hombre de las «supersticio-

nes» *de la religión, hasta que, con el progreso, ésta resultara inservible. La secularización no ha reemplazado a los dioses con ideas, saberes y convicciones que hicieran sus veces. Ha dejado un vacío espiritual que los seres humanos llenan como pueden, a veces con grotescos sucedáneos, con múltiples formas de neurosis, o escuchando el llamado de esas sectas que, precisamente por su carácter absorbente y exclusivista, de planificación minuciosa de todos los instantes de la vida física y espiritual, proporcionan un equilibrio y un orden a quienes se sienten confusos, solitarios y aturdidos en el mundo de hoy.*

En ese sentido son útiles y deberían ser no sólo respetadas, sino fomentadas. Pero, desde luego, no subsidiadas ni mantenidas con el dinero de los contribuyentes. El Estado democrático, que es y sólo puede ser laico, es decir neutral en materia religiosa, abandona esa neutralidad si, con el argumento de que una mayoría o una parte considerable de los ciudadanos profesa determinada religión, exonera a su iglesia de pagar impuestos y le concede otros privilegios de los que excluye a las creencias minoritarias. Esta política es peligrosa, porque discrimina en el ámbito subjetivo de las creencias, y estimula la corrupción institucional.

A lo más que debería llegarse en este dominio, es a lo que hizo Brasil, cuando se construía Brasilia, la nueva capital: regalar un terreno, en una avenida ad hoc, a todas las iglesias del mundo que quisieran edificar allí un templo. Hay varias decenas, si la memoria no me engaña: grandes y ostentosos edificios, de arquitectura plural e idiosincrásica, entre los cuales truena, soberbio, erizado de cúpulas y símbolos indescifrables, el Templo de la Rosacruz.

El País, *Madrid, 23 de febrero de 1997*

Reflexión final

Termino con una nota personal algo melancólica. Desde hace algunos años, sin que yo me diera bien cuenta al principio, cuando visitaba exposiciones, asistía a algunos espectáculos, veía ciertas películas, obras de teatro o programas de televisión, o leía ciertos libros, revistas y periódicos, me asaltaba la incómoda sensación de que me estaban tomando el pelo y que no tenía cómo defenderme ante una arrolladora y sutil conspiración para hacerme sentir un inculto o un estúpido.

Por todo ello, se fue apoderando de mí una pregunta inquietante: ¿por qué la cultura dentro de la que nos movemos se ha ido banalizando hasta convertirse en muchos casos en un pálido remedo de lo que nuestros padres y abuelos entendían por esa palabra? Me parece que tal deterioro nos sume en una creciente confusión de la que podría resultar, a la corta o a la larga, un mundo sin valores estéticos, en el que las artes y las letras —las humanidades— habrían pasado a ser poco más que formas secundarias del entretenimiento, a la zaga del que proveen al gran público los grandes medios audiovisuales y sin mayor influencia en la vida social. Ésta, resueltamente orientada por consideraciones pragmáticas, transcurriría entonces bajo la dirección absoluta de los especialistas y los técnicos, abocada esencialmente a la satisfacción de las necesidades materiales y animada por el espíritu de lucro, motor de la economía, valor supremo de la sociedad, medida exclusiva del fracaso y del éxito y, por lo mismo, razón de ser de los destinos individuales.

Ésta no es una pesadilla orwelliana sino una realidad perfectamente posible a la que, de modo discreto, se han ido acercando las naciones más avanzadas del planeta, las del Occidente democrático y liberal, a medida que los fundamentos de la cultura tradicional entraban en bancarrota, y los iban sustituyendo unos embelecos que han ido alejando cada vez más del gran público las creaciones artísticas y literarias, las ideas filosóficas, los ideales cívicos, los valores y, en suma, toda aquella dimensión espiritual llamada antiguamente la cultura, que, aunque confinada principalmente en una elite, desbordaba en el pasado hacia el conjunto de la sociedad e influía en ella dándole un sentido a la vida y una razón de ser a la existencia que trascendía el mero bienestar material. Nunca hemos vivido, como ahora, en una época tan rica en conocimientos científicos y hallazgos tecnológicos, ni mejor equipada para derrotar a la enfermedad, la ignorancia y la pobreza y, sin embargo, acaso nunca hayamos estado tan desconcertados respecto a ciertas cuestiones básicas como qué hacemos en este astro sin luz propia que nos tocó, si la mera supervivencia es el único norte que justifica la vida, si palabras como espíritu, ideales, placer, amor, solidaridad, arte, creación, belleza, alma, trascendencia, significan algo todavía, y, si la respuesta es positiva, qué hay en ellas y qué no. La razón de ser de la cultura era dar una respuesta a este género de preguntas. Hoy está exonerada de semejante responsabilidad, ya que hemos ido haciendo de ella algo mucho más superficial y voluble: una forma de diversión para el gran público o un juego retórico, esotérico y oscurantista para grupúsculos vanidosos de académicos e intelectuales de espaldas al conjunto de la sociedad.

La idea de progreso es engañosa. Desde luego, sólo un ciego o un fanático podrían negar que una época en la que los seres humanos pueden viajar a las estrellas, comunicarse al instante salvando todas las distancias gracias a Internet, clonar a los animales y a los humanos, fabricar armas capaces de volatilizar el planeta e ir degradando con nuestras invenciones industriales el aire que respiramos, el agua que bebemos y la tierra que nos alimenta, ha alcanzado un desarrollo sin precedentes en la historia. Al mismo tiempo, nunca ha estado menos segura la supervivencia de la especie por los riesgos de una confrontación o un accidente atómico, la locura sanguinaria de los fanatismos religiosos y la erosión del medio ambiente. Y acaso nunca haya habido, junto a las extraordinarias oportunidades y condiciones de vida de que gozan los privilegiados, la pavorosa miseria que todavía padecen, en este mundo tan próspero, centenares de millones de seres humanos, no sólo en el llamado Tercer Mundo, también en enclaves de vergüenza en el seno de las ciudades más opulentas del planeta. Hacía mucho tiempo que el mundo no padecía las crisis y descalabros financieros que en los últimos años han arruinado tantas empresas, personas y países.

En el pasado, la cultura fue a menudo el mejor llamado de atención ante semejantes problemas, una conciencia que impedía a las personas cultas dar la espalda a la realidad cruda y ruda de su tiempo. Ahora, más bien, es un mecanismo que permite ignorar los asuntos problemáticos, distraernos de lo que es serio, sumergirnos en un momentáneo «paraíso artificial», poco menos que el sucedáneo de una calada de marihuana o un jalón de coca, es decir, una pequeña vacación de irrealidad.

Todos estos son temas complejos que no caben en las pretensiones limitadas de este libro. Los menciono como un testimonio personal. Aquellas cuestiones se refractan en estas páginas a través de la experiencia de alguien que, desde que descubrió, a través de los libros, la aventura espiritual, tuvo siempre por un modelo a aquellas personas que se movían con desenvoltura en el mundo de las ideas y tenían claros unos valores estéticos que les permitían opinar con seguridad sobre lo que era bueno y malo, original o epígono, revolucionario o rutinario, en la literatura, las artes plásticas, la filosofía, la música. Muy consciente de las deficiencias de mi formación, durante toda mi vida he procurado suplir esos vacíos, estudiando, leyendo, visitando museos y galerías, yendo a bibliotecas, conferencias y conciertos. No había en ello sacrificio alguno. Más bien, el inmenso placer de ir descubriendo cómo se ensanchaba mi horizonte intelectual, pues entender a Nietzsche o a Popper, leer a Homero, descifrar el *Ulises* de Joyce, gustar la poesía de Góngora, de Baudelaire, de T. S. Eliot, explorar el universo de Goya, de Rembrandt, de Picasso, de Mozart, de Mahler, de Bartók, de Chéjov, de O'Neill, de Ibsen, de Brecht, enriquecía extraordinariamente mi fantasía, mis apetitos y mi sensibilidad.

Hasta que, de pronto, empecé a sentir que muchos artistas, pensadores y escritores contemporáneos me estaban tomando el pelo. Y que no era un hecho aislado, casual y transitorio, sino un verdadero proceso del que parecían cómplices, además de ciertos creadores, sus críticos, editores, galeristas, productores, y un público de papanatas a los que aquéllos manipulaban a su gusto, haciéndoles tragar gato por liebre, por razones crematísticas y a veces por puro esnobismo.

Lo peor es que probablemente este fenómeno no tenga arreglo, porque forma ya parte de una manera de ser, de vivir, de fantasear y de creer de nuestra época, y lo que yo añoro sea polvo y ceniza sin reconstitución posible. Pero podría ser, también, ya que nada se está quieto en el mundo en que vivimos, que este fenómeno, la civilización del espectáculo, perezca sin pena ni gloria, por obra de su propia nadería, y que otro lo reemplace, acaso mejor, acaso peor, en la sociedad del porvenir. Confieso que tengo poca curiosidad por el futuro, en el que, tal como van las cosas, tiendo a descreer. En cambio, me interesa mucho el pasado, y muchísimo más el presente, incomprensible sin aquél. En este presente hay innumerables cosas mejores que las que vieron nuestros ancestros: menos dictaduras, más democracias, una libertad que alcanza a más países y personas que nunca antes, una prosperidad y una educación que llegan a más gentes que antaño y unas oportunidades para un gran número de seres humanos que jamás existieron antes, salvo para ínfimas minorías.

Pero, en un campo específico, de fronteras volátiles, el de la cultura, hemos más bien retrocedido, sin advertirlo ni quererlo, por culpa fundamentalmente de los países más cultos, los que están a la vanguardia del desarrollo, los que marcan las pautas y las metas que poco a poco van contagiando a los que vienen detrás. Y asimismo creo que una de las consecuencias que podría tener la corrupción de la vida cultural por obra de la frivolidad, sería que aquellos gigantes, a la larga, revelaran tener unos pies de barro y perdieran su protagonismo y poder, por haber derrochado con tanta ligereza el arma secreta que hizo de ellos lo que han llegado a ser, esa delicada materia que da sentido, contenido y un orden a lo que llamamos civilización. Felizmente, la historia no es algo fatídico, sino una página en blanco en la que con nuestra propia pluma —nuestras decisiones y omisiones— escribiremos el futuro. Eso es bueno pues significa que siempre estamos a tiempo de rectificar.

Una última curiosidad, hoy día universal: ¿sobrevivirán los libros de papel o acabarán con ellos los libros electrónicos? ¿Los lectores del futuro lo serán sólo de tabletas digitales? Al momento de escribir estas líneas, el *e-book* no se ha impuesto aún y en la mayor parte de países todavía el libro de papel sigue siendo el más popular. Pero nadie puede negar que la tendencia es a que aquél vaya ganándole a éste el terreno, al extremo de que no es imposible avizorar una época en que los lectores de libros de pantalla sean la gran mayoría y los de papel queden reducidos a ínfimas minorías o incluso desaparezcan.

Muchos desean que ello ocurra cuanto antes, como Jorge Volpi, uno de los principales escritores latinoamericanos de las nuevas generaciones,[*] quien celebra la llegada del libro electrónico como «una transformación radical de todas las prácticas asociadas con la lectura y la transmisión del conocimiento», algo que, asegura, dará «el mayor impulso a la democratización de la cultura de los tiempos modernos». Volpi cree que muy pronto el libro digital será más barato

---

[*] Véase su artículo «Réquiem por el papel» en *El País,* 15 de octubre de 2011.

que el de papel, y que es inminente la «aparición de textos enriquecidos ya no sólo con imágenes, sino con audio y video». Desaparecerán librerías, bibliotecas, editores, agentes literarios, correctores, distribuidores, y sólo quedará la nostalgia de todo aquello. Esta revolución, dice, contribuirá de manera decisiva «a la mayor expansión democrática que ha experimentado la cultura desde... la invención de la imprenta».

Es muy posible que Volpi tenga razón, pero esa perspectiva, que a él lo alboroza, a mí, y a algunos más, como Vicente Molina Foix,[*] nos angustia. A diferencia de aquél, no creo que el cambio del libro de papel al libro electrónico sea inocuo, un simple cambio de «envoltorio», sino también de contenido. No tengo cómo demostrarlo, pero sospecho que cuando los escritores escriban literatura virtual no escribirán de la misma manera que han venido haciéndolo hasta ahora en pos de la materialización de sus escritos en ese objeto concreto, táctil y durable que es (o nos parece ser) el libro. Algo de la inmaterialidad del libro electrónico se contagiará a su contenido, como le ocurre a esa literatura desmañada, sin orden ni sintaxis, hecha de apócopes y jerga, a veces indescifrable, que domina en el mundo de los *blogs,* el Twitter, el Facebook y demás sistemas de comunicación a través de la Red, como si sus autores, al usar para expresarse ese simulacro que es el orden digital, se sintieran liberados de toda exigencia formal y autorizados a atropellar la gramática, la sindéresis y los principios más elementales de la corrección lingüística. La televisión es hasta ahora la mejor demostración de que la pan-

---

[*] Véase su respuesta a Volpi, «El siglo xxv: una hipótesis de lectura», en *El País,* 3 de diciembre de 2011.

talla banaliza los contenidos —sobre todo las ideas— y tiende a convertir todo lo que pasa por ella en espectáculo, en el sentido más epidérmico y efímero del término. Mi impresión es que la literatura, la filosofía, la historia, la crítica de arte, no se diga la poesía, todas las manifestaciones de la cultura escritas para la Red serán sin duda cada vez más entretenidas, es decir, más superficiales y pasajeras, como todo lo que se vuelve dependiente de la actualidad. Si esto es así, los lectores de las nuevas generaciones difícilmente estarán en condiciones de apreciar todo lo que valen y significaron unas obras exigentes de pensamiento o creación pues les parecerán tan remotas y excéntricas como lo son para nosotros las disputas escolásticas medievales sobre los ángeles o los tratados de alquimistas sobre la piedra filosofal.

Por otra parte, según se desprende de su artículo, para Volpi leer consiste sólo en leer, es decir, en enterarse del contenido de lo que lee, y no hay duda que su caso es el de muchísimos lectores. Pero, en la polémica con Vicente Molina Foix que su artículo generó, este último recordó a Volpi que, para muchos lectores, «leer» es una operación que, además de informarse del contenido de las palabras, significa también, y acaso sobre todo, gozar, paladear aquella belleza que, al igual que los sonidos de una hermosa sinfonía, los colores de un cuadro insólito o las ideas de una aguda argumentación, despiden las palabras unidas a su soporte material. Para este tipo de lectores leer es, al mismo tiempo que una operación intelectual, un ejercicio físico, algo que, como dice muy bien Molina Foix, «añade al acto de leer un componente sensual y sentimental infalible. El tacto y la inmanencia de los libros son, para el *amateur,* variaciones del erotismo del cuerpo trabajado y manoseado, una manera de amar».

Me cuesta trabajo imaginar que las tabletas electrónicas, idénticas, anodinas, intercambiables, funcionales a más no poder, puedan despertar ese placer táctil preñado de sensualidad que despiertan los libros de papel en ciertos lectores. Pero no es raro que en una época que tiene entre sus proezas haber acabado con el erotismo se esfume también ese hedonismo refinado que enriquecía el placer espiritual de la lectura con el físico de tocar y acariciar.

Antecedentes

Piedra de Toque
Más información, menos conocimiento

Nicholas Carr estudió Literatura en el Dartmouth College y en la Universidad de Harvard y todo indica que fue en su juventud un voraz lector de buenos libros. Luego, como le ocurrió a toda su generación, descubrió el ordenador, el Internet, los prodigios de la gran revolución informática de nuestro tiempo, y no sólo dedicó buena parte de su vida a valerse de todos los servicios online *y a navegar mañana y tarde por la Red; además, se hizo un profesional y un experto en las nuevas tecnologías de la comunicación, sobre las que ha escrito extensamente en prestigiosas publicaciones de Estados Unidos e Inglaterra.*

Un buen día descubrió que había dejado de ser un buen lector y, casi casi, un lector. Su concentración se disipaba luego de una o dos páginas de un libro, y, sobre todo si aquello que leía era complejo y demandaba mucha atención y reflexión, surgía en su mente algo como un recóndito rechazo a continuar con aquel empeño intelectual. Así lo cuenta: «Pierdo el sosiego y el hilo, empiezo a pensar qué otra cosa hacer. Me siento como si estuviese siempre arrastrando mi cerebro descentrado de vuelta al texto. La lectura profunda que solía venir naturalmente se ha convertido en un esfuerzo».

Preocupado, tomó una decisión radical. A finales de 2007, él y su esposa abandonaron sus ultramodernas instalaciones de Boston y se fueron a vivir a una cabaña de las montañas de Colorado, donde no había telefonía móvil y el Internet llegaba tarde, mal y nunca. Allí, a lo largo de dos años, escribió el polémico libro que lo ha hecho famoso. Se titula en inglés The Shallows: What the Internet is Doing to Our Brains *y, en español:* Superficiales: ¿Qué está haciendo Internet con nuestras mentes? *(Taurus, 2011). Lo acabo de leer, de un tirón, y he quedado fascinado, asustado y entristecido.*

Carr no es un renegado de la informática, no se ha vuelto un ludita contemporáneo que quisiera acabar con todas las computadoras, ni mucho menos. En su libro reconoce la extraordinaria aportación que servicios como el de Google, Twitter, Facebook o Skype prestan a la información y a la comunicación, el tiempo que ahorran, la facilidad con que una inmensa cantidad de seres humanos pueden compartir experiencias, los beneficios que todo esto acarrea a las empresas, a la investigación científica y al desarrollo económico de las naciones.

Pero todo esto tiene un precio y, en última instancia, significará una transformación tan grande en nuestra vida cultural y en la manera de operar del cerebro humano como lo fue el descubrimiento de la imprenta por Johannes Gutenberg en el siglo XV que generalizó la lectura de libros, hasta entonces confinada en una minoría insignificante de clérigos, intelectuales y aristócratas. El libro de Carr es una reivindicación de las teorías del ahora olvidado Marshall McLuhan, a quien nadie hizo mucho caso cuando, hace más de medio siglo, aseguró que los medios no son nunca meros vehículos de un contenido, que ejercen una solapada influencia sobre éste, y que, a largo plazo, modifican nuestra manera de pensar y de actuar. McLuhan se refería sobre todo a la televisión, pero la argumentación del libro de Carr, y los abundantes experimentos y testimonios que cita en su apoyo, indican que semejante tesis alcanza una extraordinaria actualidad relacionada con el mundo del Internet.

Los defensores recalcitrantes del software alegan que se trata de una herramienta y que está al servicio de quien la usa y, desde luego, hay abundantes experimentos que parecen corroborarlo, siempre y cuando estas pruebas se efectúen en el campo de acción en el que los beneficios de aquella tecnología son indiscutibles: ¿quién podría negar que es un avance casi milagroso que, ahora, en pocos segundos, haciendo un pequeño clic con el ratón, un internauta recabe una información que hace pocos años le exigía semanas o meses de consultas en bibliotecas y a especialistas? Pero también hay pruebas concluyentes de que, cuando la memoria de una persona deja de ejercitarse porque para ello cuenta con el archivo infinito que pone a su alcance un ordenador, se entumece y debilita como los músculos que dejan de usarse.

No es verdad que el Internet sea sólo una herramienta. Es un utensilio que pasa a ser una prolongación de nuestro propio cuerpo, de nuestro propio cerebro, el que, también, de una manera discreta, se va adaptando poco a poco a ese nuevo sistema de informarse y de pensar, renunciando poco a poco a las funciones que este sistema hace por él y, a veces, mejor que él. No es una metáfora poética decir que la «inteligencia artificial» que está a su servicio soborna y sensualiza a nuestros órganos pensantes, los que se van volviendo, de manera paulatina, dependientes de aquellas herramientas, y, por fin, sus esclavos. ¿Para qué mantener fresca y activa la memoria si toda ella está almacenada en algo que un programador de sistemas ha llamado «la mejor y más grande biblioteca del mundo»? ¿Y para qué aguzar la atención si pulsando las teclas adecuadas los recuerdos que necesito vienen a mí, resucitados por esas diligentes máquinas?

No es extraño, por eso, que algunos fanáticos de la Web, como el profesor Joe O'Shea, filósofo de la Universidad de Florida, afirmen: «Sentarse y leer un libro de cabo a rabo no tiene sentido. No es un buen uso de mi tiempo, ya que puedo tener toda la información que quiera con mayor rapidez a través de la Web. Cuando uno se vuelve un cazador experimentado en Internet, los libros son superfluos». Lo atroz de esta frase no es la afirmación final, sino que el filósofo de marras crea que uno lee libros sólo para «informarse». Es uno de los estragos que puede causar la adicción frenética a la pantallita. De ahí, la patética confesión de la doctora Katherine Hayles, profesora de Literatura de la Universidad de Duke: «Ya no puedo conseguir que mis alumnos lean libros enteros».

Esos alumnos no tienen la culpa de ser ahora incapaces de leer La guerra y la paz *o el* Quijote. *Acostumbrados a picotear información en sus computadoras, sin tener necesidad de hacer prolongados esfuerzos de concentración, han ido perdiendo el hábito y hasta la facultad de hacerlo, y han sido condicionados para contentarse con ese mariposeo cognitivo a que los acostumbra la Red, con sus infinitas conexiones y saltos hacia añadidos y complementos, de modo que han quedado en cierta forma vacunados contra el tipo de atención, reflexión, paciencia y prolongado abandono a aquello que se lee, y que es la única manera de leer, gozando, la gran literatura. Pero no creo que sea sólo la literatura a la que el Internet vuelve superflua: toda obra de creación gratuita, no subordinada a la utilización pragmática, queda fuera del tipo de conocimiento y cultura que propicia la Web. Sin duda que ésta almacenará con facilidad a Proust, Homero, Popper y Platón, pero difícilmente sus obras tendrán muchos lectores. ¿Para qué tomarse el trabajo de leerlas si en Google puedo encontrar síntesis sencillas, claras y amenas de lo que inventaron en esos farragosos librotes que leían los lectores prehistóricos?*

La revolución de la información está lejos de haber concluido. Por el contrario, en este dominio cada día surgen nuevas posibilidades, logros, y lo imposible retrocede velozmente. ¿Debemos alegrarnos? Si el género de cultura que está reemplazando a la antigua nos parece un progreso, sin duda sí. Pero debemos inquietarnos si ese progreso significa aquello que un erudito estudioso de los efectos del Internet en nuestro cerebro y en nuestras costumbres, Van Nimwegen, dedujo luego de uno de sus experimentos: que confiar a los ordenadores la solución de todos los problemas cognitivos reduce «la capacidad de nuestros cerebros para construir estructuras estables de conocimientos». En otras palabras: cuanto más inteligente sea nuestro ordenador, más tontos seremos.

Tal vez haya exageraciones en el libro de Nicholas Carr, como ocurre siempre con los argumentos que defienden tesis controvertidas. Yo carezco de los conocimientos neurológicos y de informática para juzgar hasta qué punto son confiables las pruebas y experimentos científicos que describe en su libro. Pero éste me da la impresión de ser riguroso y sensato, un llamado de atención que —para qué engañarnos— no será escuchado. Lo que significa, si él tiene razón, que la robotización de una humanidad organizada en función de la «inteligencia artificial» es imparable. A menos, claro, que un cataclismo nuclear, por obra de un accidente o una acción terrorista, nos regrese a las cavernas. Habría que empezar de nuevo, entonces, y a ver si esta segunda vez lo hacemos mejor.

El País, *Madrid, 31 de julio de 2011*

Dinosaurios en tiempos difíciles*

Por muchas razones, me conmueve recibir este Premio de la Paz que conceden los libreros y editores alemanes: la significación que tiene en el ámbito cultural, los distinguidos intelectuales que lo han merecido y a los que ahora me vincula, el reconocimiento que implica de una vida dedicada a la literatura.

Pero, la razón principal, en mi caso, es su terco anacronismo, su empeño en entender el trabajo literario como una responsabilidad que no se agota en lo artístico y está indispensablemente ligada a una preocupación moral y una acción cívica. Con esta idea de la literatura nació mi vocación, ella ha animado hasta ahora todo lo que he escrito, y, por lo mismo, va haciendo de mí, como del optimista Friedenspreis, me temo, en estos tiempos de la virtual reality, *un dinosaurio con pantalones y corbata, rodeado de computadoras. Ya sé que las estadísticas están de nuestro lado, que nunca se han publicado y vendido tantos libros como ahora y que, si el asunto pudiera confinarse en el terreno de los números, no habría nada que temer. El problema surge cuando, como lo haría un incorregible* voyeur, *no satisfechos con las confortables encuestas sobre impresiones y ventas de libros, que parecen garantizar la perennidad de la literatura, espiamos detrás de las vestiduras numéricas.*

Lo que allí aparece es deprimente. En nuestros días se escriben y publican muchos libros, pero nadie a mi

---

* Texto leído en la Frankfurter Paulskirche, el 6 de octubre de 1996, al recibir el Premio de la Paz (Friedenspreis) de los Editores y Libreros alemanes.

alrededor —o casi nadie, para no discriminar a los pobres dinosaurios— cree ya que la literatura sirva de gran cosa, salvo para no aburrirse demasiado en el autobús o en el metro, y para que, adaptadas al cine o a la televisión, las ficciones literarias —si son de marcianos, horror, vampirismo o crímenes sadomasoquistas, mejor— se vuelvan televisivas o cinematográficas. Para sobrevivir, la literatura se ha tornado light *—noción que es un error traducir por ligera, pues, en verdad, quiere decir irresponsable y, a menudo, idiota—. Por eso, distinguidos críticos, como George Steiner, creen que la literatura ya ha muerto, y excelentes novelistas, como V. S. Naipaul, proclaman que no volverán a escribir una novela pues el género novelesco ahora les da asco.*

En este contexto de pesimismo creciente sobre los poderes de la literatura para ayudar a los lectores a entender mejor la complejidad humana, mantenerse lúcidos sobre las deficiencias de la vida, alertas ante la realidad histórica circundante e indóciles a la manipulación de la verdad por parte de los poderes constituidos (para eso se creía que servía la literatura, además de entretener, cuando yo comencé a escribir), resulta casi alentador volver la vista hacia la pandilla de gánsteres que gobierna Nigeria y que asesinó a Ken Saro-Wiwa, los perseguidores de Taslima Nasrin en Blangladesh, los ulemas iraníes que dictaron la fatwa *condenando a muerte a Salman Rushdie, los integristas islámicos que han degollado decenas de periodistas, poetas y dramaturgos en Argelia, los que, en El Cairo, clavaron la daga que estuvo a punto de acabar con la vida de Naguib Mahfuz, y hacia regímenes como los de Corea del Norte, Cuba, China, Vietnam, Birmania y tantos otros, con sus sistemas de censura y sus escritores encarcelados o exiliados. No deja de ser una instructiva paradoja que, en tanto que en los países considerados más cultos, que son también los más libres y democráticos, la literatura se va convirtiendo, según una concepción generalizada, en un entretenimiento intrascendente, en aquellos donde la libertad es recortada y donde los derechos humanos son afrentados a diario, se considere a la literatura peligrosa, diseminadora de ideas subversivas y germen de insatisfacción y rebeldía. A los dramaturgos, novelistas y poetas de los países cultos y libres que se desencantan de su oficio por la frivolización en que les parece estar sucumbiendo, o que lo creen ya derrotado por la cultura audiovisual, les conviene echar una mirada hacia esa vastísima zona del mundo que aún no es culta ni libre, para levantarse la moral. Allí, la literatura no debe de estar muerta, ni ser del todo inútil, ni la poesía y la novela y el teatro inocuos, cuando los déspotas, tiranuelos y fanáticos les tienen tanto miedo y les rinden el homenaje de censurarlos y de amordazar o aniquilar a sus autores.*

Me apresuro a añadir que, aunque creo que la literatura debe comprometerse con los problemas de su tiempo y el escritor escribir con la convicción de que escribiendo puede ayudar a los demás a ser más libres, sensibles y lúcidos, estoy lejos de sostener que «el compromiso» cívico y moral del intelectual garantice el acierto, la defensa de la mejor opción, la que contribuye a atajar la violencia, reducir la injusticia y hacer avanzar la libertad. Me he equivocado demasiadas veces y he visto a muchos escritores que admiré y tuve por directores de conciencia equivocarse también y, a veces, poner su talento al servicio de la mentira ideológica y el crimen de Estado, para hacerme ilusiones. Pero, sí creo con firmeza que, sin renunciar a entretener, la literatura debe hundirse hasta el cuello en la vida de la calle, en la experiencia común, en la historia haciéndose, como lo hizo en sus mejores momentos, porque, de este modo, sin arrogancia, sin pretender la omnisciencia, asumiendo el riesgo del error, el escritor puede prestar un servicio a sus contemporáneos y salvar a su oficio de la delicuescencia en que a ratos parece estar cayendo.

Si se trata sólo de entretener, de hacer pasar al ser humano un rato agradable, sumido en la irrealidad, emancipado de la sordidez cotidiana, el infierno doméstico o la angustia económica, en una relajada indolencia espiritual, las ficciones de la literatura no pueden competir con las que suministran las pantallas, grandes o chicas. Las ilusiones fraguadas con la palabra exigen una activa participación del lector, un esfuerzo de imaginación y, a veces, tratándose de literatura moderna, complicadas operaciones de memoria, asociación y creación, algo de lo que las imágenes del cine y la televisión dispensan a los espectadores. Y éstos, en parte a causa de ello, se vuelven cada día más perezosos, más alérgicos a un entretenimiento que los exija intelectualmente. Digo esto sin el menor ánimo beligerante contra los medios audiovisuales y desde mi confesable condición de adicto al cine —veo dos o tres películas por semana—, que también disfruta con un buen programa de televisión (esa rareza). Pero, por eso mismo, con el conocimiento de causa necesario para afirmar que todas las buenas películas que he visto en mi vida, y que me divirtieron tanto, no me ayudaron ni remotamente a entender el laberinto de la psicología humana como las novelas de Dostoyevski, o los mecanismos de la vida social como La guerra y la paz *de Tolstói, o los abismos de miseria y las cimas de grandeza que pueden coexistir en el ser humano como me lo enseñaron las sagas literarias de un Thomas Mann, un Faulkner, un Kafka, un Joyce o un Proust. Las ficciones de las pantallas son intensas por su inmediatez y efímeras por sus resultados; nos apresan y nos excarcelan casi de inmediato; de las literarias, somos prisioneros de por vida. Decir que los libros de aquellos autores entretienen, sería injuriarlos, porque, aunque es imposible no leerlos en estado de trance, lo importante de las buenas lecturas es siempre posterior a la lectura, un efecto que deflagra en la memoria y en el tiempo. Está ocurriendo todavía en mí, porque, sin ellas, para bien o para mal, no sería como soy, ni creería en lo que creo, ni tendría las dudas y las certezas que me hacen vivir. Esos libros me cambiaron, me modelaron, me hicieron. Y aún me siguen cambiando y haciendo, incesantemente, al ritmo de una vida con la que voy cotejándolos. En ellos aprendí que el mundo está mal hecho y que estará siempre mal hecho —lo que no significa que no debamos hacer lo posible para que no sea todavía peor de lo que es—, que somos inferiores a lo que soñamos y vivimos en la ficción, y que hay una condición que compartimos, en la comedia humana de la que somos actores, que, en nuestra diversidad de culturas, razas y creencias, hace de nosotros iguales y debería hacer, también, solidarios y fraternos. Que no sea así, que a pesar de compartir tantas cosas con nuestros semejantes, todavía proliferen los prejuicios raciales, religiosos, la aberración de los nacionalismos, la intolerancia y el terrorismo, es algo que puedo entender mucho mejor gracias a aquellos libros que me tuvieron desvelado y en ascuas mientras los leía, porque nada aguza mejor nuestro olfato ni nos hace tan sensibles para detectar las raíces de la crueldad, la maldad y la violencia que puede desencadenar el ser humano, como la buena literatura.*

    Por dos razones, me parece posible afirmar que, si la literatura no sigue asumiendo esta función en el presente como lo hizo en el pasado —renunciando a ser light, *volviendo a «comprometerse», tratando de abrir los ojos de la gente, a través de la palabra y la fantasía, sobre la realidad que nos rodea—, será más difícil contener la erupción de guerras, matanzas, genocidios, enfrentamientos étnicos, luchas religiosas, desplazamientos de refugiados y acciones terroristas que se ha declarado y amenaza con proliferar, haciendo trizas las ilusiones de un mundo pacífico, conviviendo en democracia, que la caída del Muro de Berlín hizo concebir. No ha sido así. El descalabro de la utopía colectivista significó un paso adelante, desde luego, pero no ha traído ese consenso universal sobre la vida en democracia que vislumbró Francis Fukuyama; más bien, una confusión y complicación de la realidad histórica para entender la cual no sería inútil recurrir a los dédalos literarios que idearon Faulkner al referir la saga de Yoknapatawpha y Hermann Hesse el juego de abalorios. Pues la historia se nos ha vuelto tan desconcertante y escurridiza como un cuento fantástico de Jorge Luis Borges.*

La primera es la urgencia de una movilización de las conciencias que exija acciones resueltas de los gobiernos democráticos en favor de la paz, donde ésta se quiebre y amenace con provocar cataclismos, como en Bosnia, Chechenia, Afganistán, el Líbano, Somalia, Ruanda, Liberia y tantos otros lugares en los que, ahora mismo, se tortura, mata o se renuevan los arsenales para futuras matanzas. La parálisis con que la Unión Europea asistió a una tragedia ocurrida en sus puertas, los Balcanes —doscientos mil muertos y operaciones de limpieza étnica que, por lo demás, acaban de ser legitimadas en las recientes elecciones que han confirmado en el poder a los partidos más nacionalistas—, es una prueba dramática de la necesidad de despertar esas conciencias aletargadas en la complacencia o la indiferencia, y sacar a las sociedades democráticas del marasmo cívico, que ha sido, para ellas, una de las inesperadas consecuencias del desplome del comunismo. Los espantosos crímenes cometidos por el fanatismo nacionalista y racista en ese polvorín, apaciguado pero no desactivado del todo, de la ex Yugoslavia, que hubieran podido ser evitados con una acción oportuna de los países occidentales, ¿no demuestran la necesidad de una vigorosa iniciativa en el campo de las ideas y de la moral pública que informe al ciudadano de lo que está en juego y lo haga sentirse responsable? Los escritores pueden contribuir a esta tarea, como lo hicieron en el pasado, tantas veces, cuando todavía creían que la literatura no sólo servía para entretener, también para preocupar, alarmar e inducir a actuar por una buena causa. La supervivencia de la especie y de la cultura son una buena causa. Abrir los ojos, contagiar la indignación por la injusticia y el crimen, y el entusiasmo por ciertos ideales, probar que hay sitio para la esperanza en las circunstancias más difíciles, es algo que la literatura ha sabido hacer, aunque, a veces, haya equivocado sus blancos y defendido lo indefendible.

La segunda razón es que la palabra escrita tiene, hoy, cuando muchos piensan que las imágenes y las pantallas la van volviendo obsoleta, posibilidades de calar más hondo en el análisis de los problemas, de llegar más lejos en la descripción de la realidad social, política y moral, y, en una palabra, de decir la verdad, que los medios audiovisuales. Éstos se hallan condenados a pasar sobre la superficie de las cosas y mucho más mediatizados que los libros en lo que concierne a la libertad de expresión y de creación. Ésta me parece una realidad lamentable, pero incontrovertible: las imágenes de las pantallas divierten más, entretienen mejor, pero son siempre parcas, a menudo insuficientes y muchas veces ineptas para decir, en el complejo ámbito de la experiencia individual e histórica, aquello que se exige en los tribunales a los testigos: «la verdad y toda *la verdad». Y su capacidad crítica es por ello muy escasa.*

Quiero detenerme un momento sobre esto, que puede parecer un contrasentido. El avance de la tecnología de las comunicaciones han volatilizado las fronteras e instalado la aldea global, donde todos somos, por fin, contemporáneos de la actualidad, seres intercomunicados. Debemos felicitarnos por ello, desde luego. Las posibilidades de la información, de saber lo que pasa, de vivirlo en imágenes, de estar en medio de la noticia, gracias a la revolución audiovisual han ido más lejos de lo que pudieron sospechar los grandes anticipadores del futuro, un Jules Verne o un H. G. Wells. Y, sin embargo, aunque muy informados, estamos más desconectados y distanciados que antes de lo que ocurre en el mundo. No «distanciados» a la manera en que Bertolt Brecht quería que lo estuviera el espectador: para educar su razón y hacerlo tomar conciencia moral y política, para que supiera diferenciar lo que veía en el escenario de lo que sucede en la calle. No. La fantástica acuidad y versatilidad con que la información nos traslada hoy a los escenarios de la acción en los cinco continentes, ha conseguido convertir al televidente en un mero espectador, y, al mundo, en un vasto teatro, o, mejor, en una película, en un reality show *enormemente entretenido, donde a veces nos invaden los marcianos, se revelan las intimidades picantes de las personas y, a veces, se descubren las tumbas colectivas de los bosnios sacrificados de Srebrenica, los mutilados de la guerra de Afganistán, caen cohetes sobre Bagdad o lucen sus esqueletos y sus ojos agónicos los niños de Ruanda. La información audiovisual, fugaz, transeúnte, llamativa, superficial, nos hace ver la histo-*

ria como ficción, distanciándonos de ella mediante el ocultamiento de las causas, engranajes, contextos y desarrollos de esos sucesos que nos presenta de modo tan vívido. Ésa es una manera de hacernos sentir tan impotentes para cambiar lo que desfila ante nuestros ojos en la pantalla como cuando vemos una película. Ella nos condena a esa pasiva receptividad, atonía moral y anomia psicológica en que suelen ponernos las ficciones o los programas de consumo masivo cuyo único propósito es entretener.

Es un estado perfectamente lícito, desde luego, y que tiene sus encantos: a todos nos gusta evadirnos de la realidad objetiva en brazos de la fantasía; ésa ha sido, también, desde el principio, una de las funciones de la literatura. Pero irrealizar el presente, mudar en ficción la historia real, desmoviliza al ciudadano, lo hace sentir eximido de responsabilidad cívica, creer que está fuera de su alcance intervenir en una historia cuyo guión se halla ya escrito, interpretado y filmado de modo irreversible. Por este camino podemos deslizarnos hacia un mundo sin ciudadanos, de espectadores, un mundo que, aunque tenga las formas democráticas, habrá llegado a ser aquella sociedad letárgica, de hombres y mujeres resignados, que todas las dictaduras aspiran a implantar.

Además de convertir la información en ficción en razón de la naturaleza de su lenguaje y de las limitaciones de tiempo de que dispone, el margen de libertad de que disfruta la creación audiovisual está constreñido por el altísimo costo de su producción. Ésta es una realidad no premeditada, pero determinante, pues gravita como una coacción sobre el realizador a la hora de elegir un tema y concebir la manera de narrarlo. La búsqueda del éxito inmediato no es en su caso una coquetería, una vanidad, una ambición; es el requisito sin el cual no pue-

de hacer (o volver a hacer) una película. Pero el tenaz conformismo que suele ser la norma del producto audiovisual típico no se debe sólo a esta necesidad de conquistar un gran público, apuntando a lo más bajo, para recuperar los elevados presupuestos; también, a que, por tratarse de géneros de masas, con repercusión inmediata en vastos sectores, la televisión y, luego, el cine, son los medios más controlados por los poderes, aun en los países más abiertos. No explícitamente censurados, aunque, en algunos casos, sí; más bien, vigilados, aconsejados, disuadidos, mediante leyes, reglamentos o presiones políticas y económicas, de abordar los temas más conflictivos o de abordarlos de modo conflictivo. En otras palabras, inducidos a ser exclusivamente entretenidos.

Este contexto ha generado para la palabra escrita y su principal exponente, la literatura, una situación de privilegio. La oportunidad, casi diría la obligación, ya que ella sí lo puede, de ser problemática, «peligrosa», como creen que lo es los dictadores y los fanáticos, agitadora de conciencias, inconforme, preocupante, crítica, empeñada, según el refrán español, en buscarle tres pies al gato a sabiendas de que tiene cuatro. Hay un vacío que llenar y los medios audiovisuales no están en condiciones ni permitidos de hacerlo a cabalidad. Ese trabajo debe hacerse, si no queremos que el más preciado bien de que gozamos —las minorías que gozamos de él—, la cultura de la libertad, la democracia política, se deteriore y sucumba, por dimisión de sus beneficiarios.

La libertad es un bien precioso, pero no está garantizada, a ningún país, a ninguna persona, que no sepan asumirla, ejercitarla y defenderla. La literatura, que respira y vive gracias a ella, que sin ella se asfixia, puede hacer comprender que la libertad no es un don del cielo sino una elección, una convicción, una práctica y unas ideas que deben enriquecerse y ponerse a prueba todo el tiempo. Y, también, que la democracia es la mejor defensa que se ha inventado contra la guerra, como postuló Kant, algo que es hoy todavía más verdadero que cuando el filósofo lo escribió, pues casi todas las guerras en el mundo desde hace por lo menos un siglo han tenido lugar entre dictaduras, o sido desatadas por regímenes autoritarios y totalitarios contra democracias, en tanto que casi no se da el caso —las excepciones hay que buscarlas como aguja en un pajar— de guerras que enfrenten a dos países democráticos. La lección es clarísima. La mejor manera que tienen los países libres de lograr un planeta pacificado es promoviendo la cultura democrática. En otras palabras, combatiendo a los regímenes despóticos cuya sola existencia es amenaza de conflicto bélico, cuando no de promoción y financiación del terrorismo internacional. Por eso, hago mía la llamada de Wole Soyinka para que los gobiernos del mundo desarrollado apliquen sanciones económicas y diplomáticas a los gobiernos tiránicos, que violan los derechos humanos, en vez de ampararlos o mirar al otro lado cuando perpetran sus crímenes, con la excusa de que así aseguran las inversiones y la expansión de sus empresas. Esa política es inmoral y también impráctica, a mediano plazo. Porque la seguridad que ofrecen regímenes que asesinan a sus disidentes, como el del general Abacha, en Nigeria, o la China que esclaviza el Tíbet, o la satrapía castrense de Birmania, o el Gulag tropical cubano, es precaria y puede desintegrarse en la anarquía o la violencia, como ocurrió con la Unión Soviética. La mejor garantía para el comercio, la inversión y el orden económico internacional es la expansión de la legalidad y la libertad por todo el mundo. Hay quienes dicen que las sanciones son ineficaces para impulsar la democracia. ¿Acaso no sirvieron en África del Sur, en Chile, en Haití, para acelerar el desplome de la dictadura?

Que el escritor «se comprometa» no puede querer decir que renuncie a la aventura de la imaginación, ni a los experimentos del lenguaje, ni a ninguna de las búsquedas, audacias y riesgos que hacen estimulante el trabajo intelectual, ni que riña con la risa, la sonrisa o el juego porque considera incompatible con la responsabilidad cívica el deber de entretener. Divertir, hechizar, deslumbrar, lo han hecho siempre los grandes poemas, dramas, novelas y ensayos. No hay idea, personaje o anécdota de la literatura que viva y dure si no sale, como el conejo del sombrero de copa del ilusionista, de hechiceros pases mágicos. No se trata de eso.

Se trata de aceptar el desafío que este fin del milenio nos lanza a todos, y del que no podemos excluirnos las mujeres y los hombres dedicados al quehacer cultural: ¿vamos a sobrevivir? La caída del simbólico Muro de Berlín no ha vuelto inútil la pregunta. La ha reformulado, añadiéndole incógnitas. Antes, conjeturábamos si estallaría la gran confrontación incubada por la guerra fría y si el mundo se consumiría en el holocausto de un solo conflicto entre el Este y el Oeste. Ahora, se trata de saber si la muerte de la civilización será más lenta y descentralizada, resultado de una sucesión de múltiples conflagraciones regionales y nacionales suscitadas por razones ideológicas, religiosas, étnicas y la cruda ambición de poder. Las armas están allí y siguen fabricándose. Atómicas y convencionales, sobran para desaparecer varios planetas, además de esta pequeña estrella sin luz propia que nos tocó. La tecnología de la destrucción sigue su progreso vertiginoso y hasta se abarata. Hoy, una organización terrorista de pocos miembros y moderados recursos, dispone de un instrumental destructivo más poderoso que aquellos con que contaron los más eficientes devastadores, como Atila o Genghis Khan. Éste no es un problema de las pantallas, grandes o chicas. Es nuestro problema. Y si todos, incluidos los que escribimos, no le encontramos solución, puede ocurrir que, como en una amena película, los monstruos bélicos se escapen de su recinto de celuloide y hagan volar la casa en que nos creíamos a salvo.

En sus años de exilio en Francia, cuando Europa entera iba cayendo bajo el avance de los ejércitos nazis, que parecían irresistibles, un hombre de pluma nacido en Berlín, Walter Benjamin, estudiaba afanoso la poesía de Charles Baudelaire. Escribía sobre él un libro, que nunca terminó, del que dejó unos capítulos que hoy leemos con la fascinación que nos producen los más fecundos ensayos. ¿Por qué Baudelaire? ¿Por qué ese tema, en aquel sombrío momento? Leyéndolo, descubrimos que en Les Fleurs du Mal *había respuestas a inquietantes interrogaciones que planteaba, para la vida del espíritu y del intelecto, el desarrollo de una cultura urbana, la situación del individuo y sus fantasmas en una sociedad masificada y despersonalizada por el crecimiento industrial, la orientación que en esa nueva sociedad adoptarían la literatura, el arte, el sueño y los deseos humanos. La imagen de Walter Benjamin inclinado sobre Baudelaire mientras se cerraba en torno a su persona el cerco que terminaría por ahogarlo, es tan conmovedora como la del filósofo Karl Popper, quien, por esos mismos años, en su exilio en el otro lado del mundo, Nueva Zelanda, se ponía a aprender griego clásico y estudiar a Platón, como —son sus palabras— su contribución personal a la lucha contra el totalitarismo. Así nacería ese libro capital,* La sociedad abierta y sus enemigos.

Benjamin y Popper, el marxista y el liberal, heterodoxos y originales dentro de las grandes corrientes de pensamiento que renovaron e impulsaron, son dos ejemplos de cómo escribiendo se puede resistir la adversidad, actuar, influir en la historia. Modelos de escritores comprometidos, los cito, para terminar, como evidencias de que, por más que el aire se enrarezca y la vida no les resulte propicia, los dinosaurios pueden arreglárselas para sobrevivir y ser útiles en los tiempos difíciles.

París, 18 de septiembre de 1996

Reconocimiento

Aunque las limitaciones y errores que pueda tener este ensayo son sólo míos, sus eventuales aciertos deben mucho a las sugerencias de tres amigos generosos que leyeron el manuscrito y a quienes quiero citar y agradecer: Verónica Ramírez Muro, Jorge Manzanilla y Carlos Granés.

Mario Vargas Llosa
Madrid, octubre de 2011

La civilización del espectáculo de Mario Vargas *Llosa*
se terminó de imprimir en abril de 2018
en los talleres de Impresos Santiago, S.A. de C.V.
ubicados en Trigo No. 80-B, Col. Granjas Esmeralda,
Del. Iztapalapa C.P. 09810, Ciudad de México.